Lustige Sketche für Familienfeste

Antje Dohrn

Lustige
Sketche

für Familienfeste

Zum Thema bereits erschienen:

Ingeborg Düffert
Spiel und Spaß für
Hochzeitsfeiern
ISBN 3-332-01287-8

Sybil Gräfin Schönfeldt
Die schönsten
Hochzeitsbräuche
ISBN 3-332-01288-6

Ingeborg Düffert
Die schönsten Texte
für das Weihnachtsfest
ISBN 3-332-01291-6

Gerald Drews
Festreden
Von der Geburt bis
zum 100. Geburtstag
ISBN 3-332-01289-4

Imke Ehlers
Hochzeitsreden
ISBN 3-332-01244-4

Andrea Klein
So gelingt Ihre
Hochzeitszeitung
ISBN 3-332-01333-5

Ingeborg Düffert
Kinderverse für
Familienfeste
ISBN 3-332-01087-5

Ingeborg Düffert
Kleines Vortragsbuch
für Familienfeste
ISBN 3-332-00532-4

Mechthild Aderholz
Der perfekte
Hochzeitsplaner
ISBN 3-332-01085-9

Gertrud Teusen
Wir feiern
Silberhochzeit
ISBN 3-332-01127-8

Kerstin Weidlich-Huth
Wir feiern Hochzeit
ISBN 3-332-01027-1

Sybil Gräfin Schönfeldt
Feste & Bräuche
durch das Jahr
ISBN 3-332-01026-3

Ingeborg Düffert
Vortragstexte
für Familienfeste
ISBN 3-332-01245-2

Die Autorin: Antje Dohrn ist Studienrätin für
Deutsch und Französisch mit Unterrichtserfahrung
in Schule und Universität. Sie schrieb zwei erfolg-
reiche Bände mit Diktaten in alter und neuer Rechtschreibung sowie den Ratgeber „Diktate üben – so
macht es Spaß!".

Die Deutsche Bibliothek – CIP-Einheitsaufnahme
Ein Titeldatensatz für diese Publikation ist bei
Der Deutschen Bibliothek erhältlich.

www.dornier-verlage.de
www.urania-verlag.de

3. Auflage Dezember 2002
© 2001 Urania Verlag, Berlin
Der Urania Verlag ist ein Unternehmen der
Verlagsgruppe Dornier.

Die Schreibweise entspricht den Regeln der
neuen Rechtschreibung.

Umschlaggestaltung:
Behrend & Buchholz, Hamburg
Titelfoto: Photonica, Hans Bjurling
Redaktion: Martin Rundel
Gestaltung und Satz: Patricia Müller, Berlin
Druck: Westermann Druck Zwickau
Printed in Germany

Gedruckt auf alterungsbeständigem Papier mit
chlorfrei gebleichtem Zellstoff.

ISBN 3-332-01246-0

05 04 03 02 01 5 4 3 2

Liebe Leserin, lieber Leser,

Feste feiern, wie sie fallen.

Feste soll man, so heißt es, feiern, wie sie fallen. Leider fallen sie zumeist mitten in den Alltag, ohne dass festgelegte Feiertage oder Ferien genügend Muße bieten, sich auf das Ereignis einzustimmen. Dennoch sollen Feste sich positiv vom Alltag abheben. Sowohl die Gastgeber als auch die Gäste wollen Spaß haben und hoffen, einen Tag zu erleben, der in der gemeinsamen Erinnerung als etwas Besonderes haften bleibt.

Ein Rezept für gute Stimmung: gute Laune und …

… humorvolle Umrahmung eines freudigen Anlasses.

Der sicherste Weg, eine Feier zu einem gelungenen Ereignis werden zu lassen, ist, aktiv zur Unterhaltung beizutragen. Da die meisten Feste und Feiern aus einem freudigen Anlass heraus begangen werden, liegt es nahe, durch heitere und humorvolle Beiträge für Unterhaltung zu sorgen. Auch im Lebensalltag lässt sich ja manche Herausforderung mit etwas Humor – der Waffe wahrer Lebenskünstler – am besten meistern, und es kann durchaus eine Herausforderung sein, auf einer Feier für gute Stimmung zu sorgen. Humor ist das beste Mittel, dieses Ziel zu erreichen!

Den Geschmack der Feiernden treffen.

Da auf Feiern und Festen häufig Menschen mit ganz verschiedenen Interessen, Erwartungen und Vorstellungen versammelt sind, empfiehlt es sich, einen Beitrag zu wählen, der möglichst viele Menschen anzusprechen vermag. Darüber hinaus sollte der Beitrag, der Situation entsprechend, witzig sein und einen thematischen Bezug zu dem Ereignis haben, das gefeiert wird.

Der Sketch: kurz, pointiert, witzig.

Was bietet sich hier mehr an, als eine kleine dramatische Szene vorzuspielen, die die Aufmerksamkeit der Zuschauer fesselt, kurz und pointiert ist und in ironisch-witziger Weise eine alltägliche Situation skizziert, die sich immer weiter zuspitzt, um schließlich nach einem überraschenden Handlungsverlauf in eine Schlusspointe zu münden? Kurz gesagt, es bietet sich an, einen Sketch aufzuführen!

Viel Spaß und viel Erfolg!

Antje Dohrn

Ein Sketch für jede Gelegenheit

Eine Feier steht ins Haus. Man möchte einen Sketch spielen, findet aber keinen, der so richtig passt. Nun ja, denkt man, man würde sich wahrscheinlich sowieso nur blamieren, und am Ende lacht keiner, weil es nicht perfekt genug war und alle etwas Besinnliches erwartet haben ... Lesen Sie die folgenden Seiten und lassen Sie alle Ihre Bedenken hinwegfegen!

Welcher Sketch, wann und mit wem?

Perfektion oder Blamage. Eine falsche Alternative. Spaß heißt die Devise!

Wer hier fündig wird. Wer hat nicht schon einmal davon geträumt, auf einer Bühne zu stehen und einen großen Auftritt zu haben? Und wem wird nicht mulmig bei der Vorstellung, sich bei einer solchen Gelegenheit fürchterlich zu blamieren? Die Möglichkeit zumindest eines kleinen Auftritts ergibt sich oft ganz unverhofft, z. B. durch die Mitwirkung bei einem Mini-Sketch auf dem Familienfest. Dieses Buch wendet sich an all diejenigen, die Spaß am Schauspielern haben und die, abgesehen vielleicht von anfänglichen Hemmungen, keine Probleme haben, vor einem größeren Publikum etwas aufzuführen. Allerdings sollen in erster Linie der Spaß an der Interpretation und Umsetzung der in diesem Buch versammelten Dialoge, Einfallsreichtum in der Ausführung der Regieanweisungen sowie die Inszenierung der ganzen Szene bei der Erarbeitung der Sketche im Vordergrund stehen, nicht etwa schauspielerische Perfektion!

Keine Feier, zu der nicht ein Sketch passte.

Sketche maßgeschneidert: das Repertoire. Das Repertoire der in diesem Buch abgedruckten Sketche umfasst Beiträge zu unterschiedlichsten Anlässen. Neben Sketchen für typische Familienfeste wie Taufe, Verlobung, Polterabend, Hochzeiten, Hochzeitstage, höhere runde Geburtstage, Konfirmation und Erstkommunion finden sich in dieser Sammlung auch Szenen zu Festen oder Festanlässen, die nicht typischerweise mit großem Aufwand und unter Einbeziehung von unterhaltsamen Beiträgen gefeiert werden. Warum aber nicht auch einmal die bestandene Führerscheinprüfung, einen 18. oder 30. Geburtstag, eine Mitarbeiterverabschiedung, die Beförderung oder bestandene Schulabschlüsse mit einem oder mehreren Sketchen umrahmen? Jede Feier kann ein wenig Auflockerung gebrauchen – und gute Stimmung sowieso!

Den Stoff für Sketche liefert das Leben selbst.

Hinzu kommen Sketche zum Thema Weihnachten, Silvester, Fasching, Babyshower und Halloween – allesamt Feiern und Festanlässe, denen man komische Seiten abgewinnen kann. Die Sketche nehmen auf typische Alltagssituationen und -erfahrungen Bezug und karikieren vertraute Verhaltensweisen, Einstellungen, Denkmuster und Erwartungen, die mit bestimmten Feiern und Festen verbunden sind. Gezeigt werden die bitter-süßen oder komisch-tragischen Konsequenzen manch eines – vielleicht von den Zuschauern und Akteuren schon selbst einmal in ähnlicher Form erlebten – Missgeschicks, Missverständnisses oder einer kleineren bzw. größeren Peinlichkeit: Wer ist nicht schon einmal in ein mehr oder weniger gut gefülltes Fettnäpfchen getreten und hat deutliche Spuren hinterlassen?

Über sich selber lachen.

So bedeutet das Lachen über die in den Sketchen dargestellten Situationen nicht nur, dass das Publikum ironische Distanz zur Handlung und zu den auftretenden Personen einnimmt, sondern auch, dass die Zuschauer in den Szenen eigene Verhaltensweisen und Schwächen (wieder)erkennen und so über sich selbst lachen.

Dauer und Aufwand: je nach Anlass Sketch „standard" oder Sketch „de luxe".

Die Sketche sind überwiegend von kurzer oder mittlerer Dauer (3–12 Minuten) und durch die bewusste Beschränkung auf eine überschaubare und leicht zu beschaffende Auswahl an Mobiliar, Requisiten und Kostümen problemlos umsetz- und spielbar. Für den Einsatz bei Hochzeiten oder runden Geburtstagen, Festen also, zu denen man relativ oft eingeladen wird und die normalerweise mit etwas größerem Unterhaltungsaufwand gefeiert werden, sind mehrere Sketche unterschiedlicher Länge, Personenkonstellation und Thematik in dieses Buch aufgenommen worden. Die Leser können hier – dem jeweiligen Anlass und Publikum individuell entsprechend – einen oder mehrere Sketche auswählen.

Stichworte zu
Dauer, Personen,
Requisiten etc.
erleichtern die
Auswahl.

Wahl ohne Qual: den passenden Sketch finden. Zur Übersicht, als schnelle Orientierungshilfe und als Kurzantwort auf die Frage „Ich suche etwas zum Thema X. Passt dieser Sketch?" finden die Spieler am Beginn eines jeden Sketches einen kurzen Abschnitt mit Stichworten zur ungefähren Spieldauer, zur Rollenbesetzung, zu Mobiliar, Requisiten und Kostümen sowie zur Tonkulisse (Musik und andere Hintergrundgeräusche) und mitunter auch zur Tages- oder Nachtzeit, zu der sich das Geschehen abspielt. Eine knappe Beschreibung der Eingangsszene ermöglicht anschließend eine Vorstellung vom ersten Bild, das dem Zuschauer auf der Bühne präsentiert wird. Dadurch können die Spieler sehr schnell feststellen, ob der in Frage kommende Sketch mit den zur Verfügung stehenden Schauspielern und Mitteln realisiert werden kann, bzw. welche Vorbereitungen im Vorfeld getroffen werden müssen. Gewiss wird sich recht schnell zu jedem Anlass ein passender Sketch oder auch mehrere geeignete Szenen finden lassen. Passt ein Detail nicht ganz, kann es selbstverständlich in dichterischer Freiheit den Umständen und dem Anlass der jeweiligen Feier individuell angepasst werden.

Dichterische
Freiheit.

Vor der Aufführung

Damit bei der
Aufführung alles
klappt: Das
Programm auf die
Teilnehmer und die
Örtlichkeiten der
Feier abstimmen.
Passende
Darsteller finden.

Organisation ist nicht alles, aber ... Der passende Sketch ist ausgewählt, im Geist wird bereits geprobt und man malt sich die Wirkung der Pointen aus. Da ist z. B. die Sache mit dem Hundegebell ... apropos, wo kommt das Gebell eigentlich her? Schnell wird klar, dass so eine Aufführung gut organisiert sein will. Was ist zu beachten, damit alles, von der Besetzung und der Beschaffung der Requisiten bis zur Aufführung möglichst erfolgreich abläuft? Wichtig ist, dass das inhaltliche Konzept der Szene auf die praktischen Gegebenheiten der Aufführung, auf die Anforderungen an Darsteller und Helfer sowie auf die Erwartungen der Gastgeber und des Publikums abgestimmt ist: Passende Darsteller müssen für die Umsetzung des Sketches auf der Bühne zur Verfügung stehen, bei mehreren aufeinander folgenden Sketchen müssen kleinere Umbauten und Kostümwechsel eingeplant werden. Der Raum und die zur Verfügung stehende Bühne sollten genau in Augenschein genommen und ihre Gegebenheiten bei der Planung berücksichtigt werden. Dabei gilt es u. a. folgende Fragen zu klären:

Vor der Aufführung bedenken:

- Haben die Darsteller genug Platz zum Agieren?
- Kann das benötigte Mobiliar aufgebaut werden?
- Ist der Abstand zwischen Schauspielern und Publikum angemessen?
- Wie ist die Akustik im Raum?
- Ist ausreichend Licht vorhanden oder müssen zusätzliche Lichtquellen eingesetzt werden?
- Können sich die Schauspieler nach einem Auftritt oder für einen Kostümwechsel zwischen den Sketchen in einen von der Bühne abgetrennten Raumbereich begeben?
- Sind genug Sitzplätze für das Publikum vorhanden, und hat jeder Zuschauer freie Sicht auf die Bühne?
- Gibt es irgendwelche störenden oder ablenkenden Faktoren, z. B. störende Hintergrundgeräusche, die im Vorfeld ausgeschaltet werden können?

Gute Planung spart Nerven!

Rollen und sonstige Aufgaben frühzeitig verteilen.

Besonders für völlig ungeübte Darsteller und Gruppen bzw. für all diejenigen, die ungern improvisieren oder Angst vor Pannen bei der Vorbereitung und Aufführung haben, kann eine genaue Planung im Vorfeld sehr hilfreich sein. Die Rollenverteilung sollte in jedem Fall rechtzeitig festgelegt werden. Dabei ist es sinnvoll, immer auch eine zweite Besetzung für einen möglicherweise ausfallenden Spieler einzuplanen. Neben den

Darstellern können auch noch andere Personen eine feste
Aufgabe bei der Organisation und Aufführung des Sketches
übernehmen, sodass die einzelnen Aufgaben hinsichtlich
Vorbereitungen und Arbeit am Sketch effizienter verteilt sind.
Folgende Aufgabenbereiche könnten an einzelne Personen
verteilt werden:

Wer macht was?

· Organisation
· Regie
· Bühnenbild, Mobiliar und Dekoration
· Kostüm
· Maske
· Requisiten
· Beleuchtung
· Ton
· Soufflieren
· Inspizienz (jemand, der Übersicht und Kontrolle
  über den Ablauf der Aufführung, Auf- und Abtritte,
  benötigte Requisiten etc. hat)

**Nicht diskutieren,
sondern spielen
und immer wieder
probieren – und
nicht den Spaß an
der Sache verlieren!**

Der Anspruch auf gute Organisation und Perfektion bei der
Aufführung darf nicht den Blick auf die Tatsache verstellen,
dass es sich bei der Aufführung der Sketche nicht um
professionelles Theater handelt, sondern um ein mehr oder
weniger spontanes Projekt begabter und spielfreudiger
Amateure, die mit wenigen Mitteln und viel Fantasie, mit
Begeisterung, aber vor allem auch Spaß etwas Eigenes gestalten
und auf die Bühne bringen wollen. Ein Zuviel an theoretischen
Diskussionen zur Konzeption der Szene, zu Regie und Auf-
führungspraxis kann sich hemmend auf die Spiellust und
Spontaneität der Darsteller auswirken. Viel sicherer führen das
häufige Üben, wiederholte Proben, die Kritik der Mitwirkenden
untereinander sowie Anregungen und Kommentare von Seiten

eines willigen „Versuchspublikums" zu einer erfolgreichen Aufführung. Auf diesem Weg wachsen die Schauspieler nach und nach immer mehr in die gewählte Rolle mit all ihren Anforderungen und Herausforderungen hinein und werden schließlich zu echten Sketchexperten!

Eine Rolle spielen heißt mehr, als nur den Text abzulesen.

Die Darsteller. Was sollte jemand, der einen Sketch spielen will, an schauspielerischen Fähigkeiten mitbringen? Jeder, der schon einmal ein bisschen geschauspielert hat, der ein Gedicht vorgetragen oder einfach nur ein Märchen vorgelesen hat, weiß, dass man, will man einen Text „rüberbringen", mehr mit ihm machen muss, als ihn einfach nur abzulesen. Man muss den

Den Text zum Leben erwecken.

Text zum Leben erwecken. In einem Sketch, also einer szenischen Aufführung, bedeutet das, dass ein Darsteller durch sein Spiel und durch die Art und Weise, wie er eine übernommene Rolle ausfüllt, dem Zuschauer ein paar Zeilen Text, ein paar Gesten und einige Möbelstücke und Requisiten als Wirklichkeit verkaufen können muss. Dazu gehört auch die überzeugende Umsetzung einer Rolle, also eines bestimmten Charakters oder Typs. Es kann hier zwar keine technische Anleitung für die Umsetzung einer Rolle gegeben werden, dafür aber ein

Einen Charakter oder Typ durch Betonung markanter Eigenschaften darstellen.

paar Tipps: Ein Charakter oder Typ kann ganz unterschiedlich dargestellt werden, es empfiehlt sich jedoch immer, ihm bestimmte markante Eigenschaften oder besondere Auffälligkeiten zu verleihen, Eigenheiten der Mimik, bestimmte Gesten und Charaktereigenschaften überzubetonen. Fein gezeichnete Charakterstudien sind im Sketch unangebracht und dem Aufführungsanlass unangemessen. Auch Merkmale des äußeren Erscheinungsbildes, die Frisur, die Körperhaltung, die Art zu gehen oder zu sitzen etc., können, unterstützt durch Kostüm und Maske, hervorgehoben und skurril überzeichnet werden.

In jedem Fall ist aber die Wahl des Darstellers für eine bestimmte Rolle von entscheidender Bedeutung. Wichtig ist,

Die richtige Besetzung für eine Rolle wählen.

dass der ausgewählte Darsteller dem äußeren Erscheinungsbild und dem Charakter der Rolle einigermaßen entspricht oder sich zumindest auf der Bühne glaubwürdig und der Rolle entsprechend verhalten kann. Dies gilt natürlich auch für den Fall, dass durch die Darstellung einer Rolle einer der Gastgeber parodiert werden soll.

Dafür muss einfach Zeit sein: proben, proben, proben!

Lieber proben als zittern. Wer eine Darbietung für eine Feier vorbereitet, hat mit einem erheblichen Zeitproblem zu kämpfen. Die Mehrzahl der zu einer Feier geladenen Gäste ist in der Regel berufstätig, und die Zeit, vor allem aber die Muße für die Vorbereitungen sind allzu oft mühsam erkämpft. Wer nimmt schon Urlaub, um sich als Gast auf eine Feier vorzubereiten? Bei Gruppen kommt das Problem hinzu, einen gemeinsamen Termin für Proben zu finden. Genügend Proben sind jedoch eine unerlässliche Voraussetzung für das Gelingen einer Aufführung! Sie beruhigen nicht nur die Nerven der oftmals aufgeregten Akteure, wiederholte Proben zeigen auch, ob sich die ausgewählten Darsteller wirklich für ihre Rollen eignen oder ob noch Veränderungen an der Besetzung vorgenommen werden müssen. Zudem ermöglichen sie, durch intensives Üben und Feilen an einer Rolle die anfänglichen Schwierigkeiten zu meistern.

Vorbereitung: Rollen verteilen, laut lesen, auswendig lernen.

Als Vorbereitung für jeden Sketch empfiehlt es sich, mindestens drei Proben anzusetzen. Nach einer vorläufigen Rollenverteilung wird der Dialogtext zunächst abgelesen. Gestik und Mimik bleiben in dieser ersten Phase szenischen Lesens noch ausgeklammert, Textbetonung und -phrasierung sollten dagegen schon beachtet werden, da sie für den Sinnzusammenhang des Textes und das Verständnis der Handlung unverzichtbar sind und dem gelesenen Text von Anfang an mehr Lebendigkeit verleihen. Anschließend wird die Rollenverteilung überprüft und definitiv festgelegt. Die Darsteller studieren nun ihre Rollen ein und lernen ihren Text auswendig.

Erste Probenphase: authentisch spielen, Gestik und Mimik checken, Regieanweisungen umsetzen. Kommt die Pointe an?

Bei der ersten Probe sollte die Konzentration dann zunächst einmal auf der authentischen und dramaturgisch möglichst wirkungsvollen Umsetzung des Dialogtextes liegen. Stimmen Gestik, Mimik und Sprechweise mit der Textvorlage und ihren Intentionen sowie mit dem überein, was in den Regieanweisungen gefordert wird? Steuert der Sketch zügig und nachvollziehbar auf die Schlusspointe zu und ist diese bzw. die Aussage der gesamten Szene verständlich?

Zweite Phase: Bühne, Kostüme, Requisiten.

Beherrschen die Darsteller ihre Dialoge und sind eventuelle Veränderungen vorgenommen worden, bezieht die zweite Probe das ganze Bühnenbild, die Kostüme, Mobiliar und Requisiten mit ein.

Dritte Phase: Ton- und Lichteffekte einbeziehen. Funktioniert die Technik?

Im dritten Probendurchlauf kommen dann noch Ton- und Lichteffekte hinzu, zwei Faktoren, die ebenfalls wichtig für das Gelingen der Aufführung sind und deren technische Realisierbarkeit vorher bereits getestet worden sein sollte. Gibt es noch Probleme und Unstimmigkeiten, kann nach der dritten Probe noch einmal nachgebessert und gefeilt werden, sodass die Vorbereitungen für die „Premiere" dann mit einer letzten Probe, einer Art Generalprobe, abgeschlossen werden können.

Der Text allein sagt nur die Hälfte aus. Die Regieanweisungen richtig umsetzen.

Was geht in einer Figur vor, während sie spricht?

Der Text zwischen den Zeilen. Ein Autor, der szenisch denkt, hat eine ganz bestimmte Vorstellung davon, wie seine Texte auf der Bühne umgesetzt werden sollen, auch hat er immer schon eine ideale Besetzung seiner Rollen und die ideale Interpretation seiner Szene vor Augen. Seine diesbezüglichen Vorstellungen versucht er dem Schauspieler meistens in Form von Regieanweisungen zu vermitteln. Diese wie im vorliegenden Buch vor dem jeweiligen Dialogtext eines Darstellers in Klammern gesetzten und kursiv gedruckten Anweisungen sind äußerst hilfreich, wenn die Schauspieler wissen möchten, wie sie sich einen Charakter vorzustellen haben, welche Gefühle sich in seinem Inneren abspielen, während er spricht und handelt. Sie sind eine große Hilfe für die Interpretation, da sie all das beschreiben, was nicht im gedruckten Text steht, Gefühle, Gesten und Mimik, und auch das, was zwischen den Zeilen steht. Je nachdem, wie etwas gesagt wird, in welchem Ton oder mit welchem Unterton, kann es ganz unterschiedliche Bedeutungen erhalten. So kann eine Regieanweisung z. B. auf Widersprüche zwischen dem Textinhalt und der Mimik und Gestik einer Figur hinweisen und dadurch erst die Komik oder die ironische Bedeutung einer Szene vermitteln. Erst durch die Einbeziehung solcher Anweisungen kann der Darsteller seine Rolle wirklich authentisch gestalten, und erst hier beginnt ein Sketch wirklich komisch zu werden.

Der Unterton macht die Musik – und sorgt für Komik.

Die Regieanweisungen sind natürlich in keiner Weise verpflichtend. Jede andere als die vorgeschriebene Spielweise ist möglich. Die Darsteller sollten sich in jedem Sketch frei fühlen zu variieren, wenn sie es in Hinblick auf die beabsichtigte Wirkung, ihr schauspielerisches Potential oder die technischen Möglichkeiten der Aufführung für sinnvoll halten.

Freier Umgang mit den Anweisungen.

Die Funktion der Regieanweisungen besteht darin, den Darstellern die Möglichkeit zu geben, eine Szene vor dem inneren Auge lebendig werden zu lassen. Letztendlich geht es bei der Erarbeitung einer Szene jedoch einfach darum, die Texte so lebendig, ironisch oder komisch wie möglich auf die Bühne zu bringen. Ob das gelingt, hängt nicht in erster Linie von den Regieanweisungen und ihrer genauen Befolgung ab, sondern davon, wie die Darsteller eine Szene verstehen und deuten, welches Interesse sie an der darzustellenden Situation haben, welche eigenen Lebenserfahrungen und -ansichten sie mit ihr assoziieren und – nicht zuletzt – wer die Zielgruppe ist, die über die Sketche schmunzeln oder lachen soll.

Kein sklavisches Befolgen des Gedruckten, sondern Lebendigkeit und Spiellust.

Die Ausgangs-situation muss stimmen, damit die Pointe richtig ankommt.

Das Publikum auf die richtige Fährte führen. Die Handlung eines Sketches nimmt ihren Anfang immer in einem bereits laufenden Geschehen. Obwohl der Zuschauer die Vorgeschichte also nicht kennt, muss er am Beginn eines Sketches auf Anhieb und ohne einführende Erklärung verstehen können, worum es geht. Alles für das Verständnis der Eingangssituation Wesentliche muss daher – z. B. mithilfe bestimmter Requisiten, des Mobiliars oder von Dialogen, die die Beziehungen zwischen den handelnden Personen verdeutlichen – gleich am Anfang betont werden. Erst dadurch wird im Folgenden auch die Handlung, die sich aus der Eingangssituation entspinnt, und damit die Aussage des Sketches bis hin zur Schlusspointe verständlich.

Die Aufführung

Eine Spielfläche finden und freimachen.

Eine Bühne aus dem Nichts zaubern. Viele Feste werden zu Hause, in einem Hotel oder einem Restaurant gefeiert, in Räumlichkeiten, bei denen im Normalfall nicht mit dem Vorhandensein einer Bühne gerechnet werden kann. Die Darsteller müssen sich in diesem Fall ihre eigene Bühne schaffen, irgend-eine Fläche im Festsaal oder -raum, die zur Aufführung eines Sketches geeignet ist, die also mit einigen wenigen Möbeln (meist 1 – 2 Tische, Stühle, eine Couch mit Sessel, in wenigen Fällen eine Türattrappe, die aber auch pantomimisch darstellbar ist) ausgestattet werden kann.

Bühnenbild und Mobiliar auf das Nötigste beschränken.

Die Sitzgruppe, die die Welt bedeutet: Bühnenbild, Kostüme und Requisiten. Die Vorschläge für das Bühnenbild wurden in den vorliegenden Sketchen bewusst knapp gehalten, da die meisten Aufführungsorte in der Regel nicht mit Stellwänden oder Kulissen ausgestattet sind, die eine aufwändige, üppige Dekoration ermöglichen. Die Anweisungen und Vorschläge

Wichtig: die Ausgangssituation deutlich charakterisieren!

beschränken sich darum auf das, was zur Charakterisierung der dargestellten Situation und zum Verständnis der gespielten Szene unbedingt nötig ist, unverzichtbares Mobiliar, Kostüme und Requisiten sowie zusätzliche Gegenstände, die dem Zuschauer eine schnelle Orientierung bezüglich des Ortes, an dem sich das Geschehen abspielt, ermöglichen. Natürlich bleibt es jeder Schauspielgruppe überlassen, eigene Ideen einzubringen und, sofern die Möglichkeit dazu besteht, die Wirkung des Sketches durch ein buntes, ein betont karges, ein skurriles oder sonst irgendwie passendes Bühnenbild zu unterstützen.

Kostüme und Requisiten: mit wenigen Akzenten Charaktere und Beziehungen verdeutlichen.

Für die meisten der vorgeschriebenen Rollen benötigen die Darsteller keine besondere Kostümierung. Die zu verwendende Kleidung ist Alltagskluft und leicht zu beschaffen. Falls ein bestimmtes Kleidungsstück einmal nicht zur Verfügung stehen sollte, kann es leicht durch ein anderes ersetzt werden. Das gilt ebenfalls für die Requisiten. Viele Dinge stehen sozusagen als Symbol für bestimmte Situationen und für die mit diesen verbundenen Erfahrungen und Erwartungen, z. B. das Kaffeegeschirr für den gemütlichen – oder auch etwas steifen, je nachdem – Kaffee-und-Kuchenbesuch am Sonntagnachmittag oder der Schaukelstuhl für Entspannung und Ruhe. Diese Dinge haben zwar eine wichtige Bedeutung im Sketch, da sie den Zuschauer ohne Worte auf etwas hinweisen und so schon eine gewisse Bewertung einer Situation nahe legen, jedoch können sie auch durch entsprechende andere Gegenstände ersetzt werden, falls es Probleme bei der Beschaffung geben sollte. Ist kein Schaukelstuhl zur Hand, tut's auch ein Ohrensessel.

Durch Maske und Verkleidung bestimmte Eigenschaften hervorheben.

In fünf Minuten von 16 auf 60: Maske. Die Darsteller selbst oder derjenige unter den Helfern, der zum Maskenbildner bestimmt wurde, haben bei der Wahl der Maske für die einzelnen Rollen insgesamt eine große Gestaltungsfreiheit und können nach eigenem Ermessen und nach den Vorstellungen und Vorlieben der Gruppe relativ frei verfahren. So ist es z. B. möglich, einzelnen Charakteren durch Betonung bestimmter Gesichts- und Körperpartien über die Regieanweisungen hinaus Merkmale zu verleihen, die eine witzige Wirkung hervorrufen können. Lediglich in einer kleinen Anzahl von Sketchen wird eine besondere Maske verlangt, damit der Sketch authentisch und dem Anlass entsprechend wirkt.

Aufwändige Masken vorher ausprobieren. Früh genug mit dem Schminken beginnen.

Damit sind die Sketche zu Fasching, Halloween und Silvester angesprochen, in denen neben der besonderen Kleidung bzw. Kostümierung auch geschminkte Gesichter und eventuell auch Masken zum Einsatz kommen. Die Maske benötigt hier ein bisschen mehr Zeit als bei den anderen Sketchen, was von vornherein eingeplant werden sollte. Ein Probedurchlauf hilft, die bei der „Premiere" für das Schminken zu veranschlagende Zeit richtig einzuschätzen, sodass es gar nicht erst zu Stresssituationen kommt.

Wo die Maske unerlässlich ist: von jung auf alt schminken, real existierende Personen karikieren.

Für alle anderen Sketche ist die Maske besonders dann notwendig, wenn es darum geht, eine Rolle auf jemanden „zuzuschminken", der dieser Rolle vom Aussehen her nicht in allen Punkten entspricht. Gedacht sei hier z. B. an eine 17-jährige Darstellerin für die Rolle der Oma in dem Sketch „Rückblick", die durch ein passendes Make-up, eine graue Perücke oder ein paar andere kosmetische Veränderungen 60 Jahre älter gemacht werden muss. Auch der joviale Angeber in „Dumm gelaufen!" wirkt durch ein solariumgebräuntes Gesicht und eventuell gefärbte Haare vielleicht noch penetranter auf den Zuschauer, was wiederum ganz im Sinne des Sketches ist. Insgesamt sollte sich die Maske an der dargestellten Situation orientieren und alle Anregungen, die diese bietet, nutzen, ohne jedoch zu übertreiben.

Wie geht man mit einer Panne um?

Irgendetwas geht immer schief. Die Aufführung eines Sketches kann noch so gut geprobt und geplant worden sein, dennoch kann es bei der Aufführung selbst zu kleineren oder größeren Pannen kommen: Der Ton funktioniert plötzlich nicht mehr, es gibt Stromausfall, einer der Gäste bricht zusammen, zwei Gäste beschweren sich lautstark darüber, dass sie nichts sehen oder nicht richtig hören können, einer der Darsteller vergisst einen Teil des Dialoges oder gleich seinen ganzen Einsatz usw.

Ruhe bewahren, Störung beseitigen, weitermachen.

Wie geht man mit diesen Situationen um? Am wichtigsten ist es, die Ruhe und seinen Humor zu bewahren! Nach Beseitigung der Ursache für die Störung und einer kurzen Besinnungspause kann das Spiel an dem Punkt, an dem die Handlung unterbrochen wurde, wieder aufgenommen werden. Bei größeren Störungen und längeren Ablenkungen kann der ganze Sketch noch einmal von vorne begonnen werden. Es besteht kein Grund, sich für eine Panne zu schämen oder sich als unverstandener Künstler zu fühlen. Nur in den seltensten Fällen ist das weitere Lebensschicksal von einem gelungenen oder weniger gelungenen Sketch abhängig!

Beim nächsten Mal wird's ein rauschender Erfolg!

Nicht verzweifeln! Beim nächsten Mal klappt alles sicherlich viel besser, und bis dahin werden Sie von Ihrem sicheren Zuschauerplatz aus über jeden auf einem Fest aufgeführten Sketch besonders laut und herzlich lachen, eifrig applaudieren und insgeheim denken:

Lachen ist die billigste und effizienteste Wunderdroge – eine universelle Medizin. *(Bertrand Russell)*

Babyshower und Taufe

Ob das Kind schon da ist oder erst erwartet wird, ein Grund zum Feiern kann der neue Erdenbürger in jedem Entwicklungsstadium sein. Hier erfahren Sie, wie man auch einen zu erwartenden „Wurf" zünftig feiern kann, wie man eine werdende Mutter besonders schonend auf die Ankunft von Zwillingen vorbereitet, was geschieht, wenn eine Taufe ohne Täufling stattfindet, und so manches andere.

Mira & Co.

Sketchdauer: ca. 7 Minuten | **Personen:** Michaela, Hilde, Thomas und der neue Arbeitskollege Andreas | **Mobiliar:** Couchtisch oder Esstisch, dazu passende Sitzgelegenheiten | **Requisiten:** Geschenkpäckchen mit Inhalt: Strampelanzug, Babydecke, Spieluhr, eventuell eine Türattrappe | **Zeit:** abends | **Ton:** Klingeln, später: Hundegebell oder -winseln | **Eingangsszene:** Es klingelt. Vor der Tür stehen Michaela, Hilde und Thomas, beladen mit Geschenkpäckchen.

Andreas: *(vor sich hinmurmelnd)* Wer ist denn das jetzt noch?
(Er öffnet die Tür und die drei begrüßen ihn stürmisch.)

Hilde: *(fröhlich)* Hallo, Andreas! Überraschung!!

Thomas: Ein kleiner Überfall am Freitagabend, nicht erschrecken!

Michaela: Mit uns hast du wohl nicht gerechnet, was?

Andreas: *(freudig erstaunt)* Na, das ist ja wirklich eine Überraschung! Kommt rein! *(Die drei treten ein.)*

Andreas: *(sieht die Päckchen und wird verlegen)* Ich glaube, ihr habt da etwas verwechselt: Heute ist nicht mein Geburtstag…

Michaela: *(ihn unterbrechend)* Das wissen wir!

Andreas: Ja, aber warum dann die Päckchen?

Hilde: Wir wollten einfach mit dir feiern, dass du mal ein Wochenende nicht nach Hamburg fährst! Sonst können wir ja nie einfach so vorbeikommen, weil du jedes Wochenende zu deiner Frau fährst.

Andreas: Stimmt! Seitdem sie die neue Stelle dort angenommen hat, pendle ich ständig hin und her.

Thomas: Eben! Und weil wir uns alle privat noch gar nicht richtig kennen lernen konnten in den zwei Monaten, die du jetzt bei uns arbeitest, dachten wir eben, dass wir…

Andreas: *(ihn unterbrechend)* Das ist eine tolle Idee, aber ihr braucht doch keine Geschenke mitzubringen!

Michaela:	*(verschmitzt)* Die Päckchen haben wir aus einem anderen Grund mitgebracht!
Andreas:	Ja?
Hilde:	Wir wissen nämlich, warum du dieses Wochenende nicht nach Hamburg fährst.
Thomas:	Ja, du hast gesagt, es sei deswegen, weil Mira doch jetzt bald ihren Kleinen bekommt und ein bisschen Ruhe braucht.
Andreas:	*(etwas unsicher)* Ja, stimmt. Sie ist ziemlich unruhig in letzter Zeit… Meint ihr, sie übertreibt und ich hätte ruhig fahren sollen?
Michaela, Thomas und Hilde:	*(aus einem Munde und beschwichtigend)* Auf gar keinen Fall!
Hilde:	*(bekräftigend)* Ich kann gut verstehen, wenn sie in ihrem Zustand ein Wochenende lang ihre Ruhe haben möchte. Und wenn sie sich dann wieder etwas besser fühlt, gibst du ihr unsere Geschenke!
Andreas:	*(erstaunt)* Die Päckchen sind für Mira??
Michaela:	*(stolz)* Ja! … Ach, jetzt haben wir ganz vergessen, ein Kärtchen mit ihrem Namen zu schreiben.
Andreas:	*(fröhlich)* Na, Lesen war auch noch nie ihre Stärke! *(lacht in sich hinein)* Was für eine Idee! Geschenke für Mira und die Kleinen!
Michaela, Thomas und Hilde:	*(plötzlich erstarrend und aus einem Munde)* Wieso *die* Kleinen?
Andreas:	*(locker)* Na ja, so ganz genau weiß man ja nie, oder? *(Die drei stimmen zunächst zögerlich, dann herzlich in sein Lachen ein und entspannen sich wieder.)*
Andreas:	So, jetzt packe ich aber erst einmal aus. *(Sie gehen alle zum Tisch und die drei Gäste setzen sich. Andreas packt das erste Päckchen aus und hält einen Strampelanzug in die Höhe.)*
Andreas:	*(verblüfft)* Na so was! *(lacht dann los)* Ein Witz, hm? Nicht schlecht! *(Die drei schauen sich etwas irritiert an. Andreas zieht aus dem zweiten Päckchen eine Babydecke hervor.)*

Andreas: Was für eine tolle Kuscheldecke! So eine gute Qualität hätte ich nicht gekauft *(lacht)*. Ohne euch hätte sie sich mit der alten Wolldecke aus dem Schuppen begnügen müssen. *(Die drei Gäste schauen sich entsetzt an. Andreas zieht aus dem dritten Päckchen eine Spieluhr.)*

Andreas: *(strahlend vor Freude)* Das ist das Beste! Das wird alle beruhigen, wenn Mira mal pinkeln oder fressen geht. *(Die Gäste sind sichtlich schockiert.)*

Michaela: *(räuspert sich)* Also, Andreas… Ich finde, du sprichst etwas eigenartig über deine hochschwangere Frau, die…

Andreas: *(fängt schallend an zu lachen.)* Meine Frau heißt Sonja! – Mira ist die kleine Dackelhündin, die mir vor einem halben Jahr zugelaufen ist! *(In diesem Moment ertönt Hundegebell oder -gewinsel.)*

1 + 1 = 4!

Babyshower   **Sketchdauer:** ca. 12 Minuten | **Personen:** Nadine (hoch-
schwanger), ihre Freundinnen Anke, Birgit, Petra und Sandra,
die gleichzeitig Nadines Gynäkologin ist. | **Mobiliar:** Tisch und
Stühle oder andere Sitzgelegenheiten | **Requisiten:** Geschenk-
pakete (ein kleines rotes, ein großes grünes, ein gelbes und ein
unförmiger brauner Umschlag mit einer roten Schleife) mit
Inhalt: eine Kosmetiktasche, ein Bademantel, ein Geschenk-
gutschein und ein kleines Foto in Schwarzweiß; zwei Torten
und Thermoskannen, Kaffeegeschirr und Besteck | **Zeit:** am
Nachmittag | **Eingangsszene:** Nadine bittet die vier Frauen, die
mit Torten, Thermoskannen und Geschenken beladen sind, ins
Zimmer und begrüßt sie herzlich.

Nadine: Toll, dass ihr alle zu mir kommen konntet!

Anke: *(lacht und zeigt auf Nadines Bauch)* Na, wenn du jetzt jeden
Tag damit rechnen musst, dass es losgehen kann, können wir
dich doch nicht noch um die Häuser hetzen!

Nadine: Das ist wirklich verständnisvoll! *(auf eine der Torten zeigend)*
Ihr habt euch aber Umstände gemacht! Ist mir richtig peinlich!

Birgit: Ach was! Du lässt dich heute einmal richtig verwöhnen!

Nadine: *(staunend)* Sogar Kaffee habt ihr mitgebracht! Den hätte ich
doch nun aber wirklich auch selbst…

Petra: *(fällt ihr ins Wort)* Kaffee und Tee! Du darfst doch grünen Tee
trinken oder? Der ist viel besser für Schwangere als Kaffee!

Sandra: *(sie freundschaftlich in die Seite stoßend)* Das sagt dein
Freund aus dem Reformhaus, nicht wahr? *(Die anderen lachen
und legen ihre Pakete auf einen der Stühle.)*

Sandra: *(resolut)* So, Nadine! Jetzt nimmst du erst einmal meinen guten
Rat als deine Freundin und Ärztin an und setzt dich hin. Dafür
darfst du jetzt Anweisungen erteilen! Sag nur, wo Geschirr
und Besteck zu finden sind, den Rest machen wir dann schon.

Nadine:	*(sich schwerfällig und stöhnend auf einen Stuhl niederlassend)* Besteck ist in der zweiten Schublade von oben und das Kuchengeschirr steht in der Vitrine links.
Sandra:	*(fröhlich)* Schon unterwegs! *(Birgit geht mit ihr. Die beiden holen Geschirr und Besteck und decken den Kaffeetisch.)*
Nadine:	*(neugierig auf die Pakete deutend)* Ich bin ja gespannt, was da drin ist? Ist das alles für mich?
Petra:	Für wen denn sonst? Siehst du hier noch eine Schwangere?
Anke:	Wenn du willst, kannst du ja das kleine rote Päckchen schon auspacken. Das ist von mir!
Petra:	*(künstlich schmollend)* Immer musst du dich vordrängeln! *(zu Nadine kokett)* Du kannst natürlich auch mit dem großen grünen Paket anfangen, damit du mit dem Auspacken etwas länger zu tun hast. *(Anke wirft ihr einen gespielt bösen Blick zu.)*
Nadine:	*(lachend)* Ich glaube, ich warte noch ein bisschen. Von wem ist denn das gelbe Päckchen?
Birgit:	*(die gerade Kaffee und Tee in die Tassen eingießt)* Das ist von mir. Hoffentlich kannst du es gebrauchen!
Sandra:	*(kommt unter bewundernden Oh- und Ah-Rufen mit den beiden aufgeschnittenen Torten an den Tisch zurück)* Und von wem kann denn dann nur noch der langweilige braune Umschlag sein? *(Nadine sieht etwas überrascht auf besagten Umschlag und stimmt dann in das Gelächter der anderen ein. Jede nimmt sich ein Stück Torte und fängt zu essen und zu trinken an.)*
Nadine:	*(ein Stück Torte im Mund)* Mh, schmeckt wirklich toll! *(isst noch einen Happen, legt dann die Gabel beiseite und streicht sich mit der Hand über den Bauch)* Puh, ich muss eine kleine Pause einlegen. Momentan kann ich nicht so viel essen.
Petra:	*(sarkastisch)* Ich wünschte, ich könnte das nur ein einziges Mal über mich selbst sagen! *(nimmt sich ein weiteres Tortenstück)*
Anke:	Wie wär's mit einer kleinen Auspackpause?
Sandra:	Ja, pack schon mal aus. Wir essen solange weiter…
Birgit:	… aber heben dir ein kleines Stückchen auf, keine Angst!

Nadine:	*(lacht und nimmt sich das rote Päckchen, das sie auswickelt)* Das ist ja toll! Eine neue Kosmetiktasche … und sogar gefüllt! Super! *(zu Anke)* Woher wusstest du denn, dass mir gerade meine Wimperntusche ausgegangen ist?
Petra:	*(auf ihrem Stuhl auf- und niederhüpfend wie ein Kind)* Weiter, weiter! Jetzt das grüne Päckchen! *(Nadine öffnet das große grüne Paket. Zum Vorschein kommt ein Bademantel.)*
Petra:	*(erwartungsvoll)* Und?
Nadine:	Ganz wunderbar, Petra! Mit meinem alten Ding hätte ich mich auch gar nicht mehr ins Krankenhaus getraut. Und richtig kuschelig ist er auch. *(Petra nickt zufrieden.)*
Birgit:	Wie wäre es jetzt mit einem ganz schwerelosen Geschenk in Gelb? *(Nadine zieht aus dem gelben Paket einen Gutschein. Sie liest vor:)*
Nadine:	Gutschein über eine klassische Massage – wunderbar! Am liebsten würde ich ihn sofort einlösen! *(legt den Gutschein zu den anderen Geschenken)* Also, vielen Dank! Ich finde das ganz lieb von euch allen, dass ihr …
Petra:	*(unterbricht sie ungeduldig und mit vollem Mund)* Du hast doch noch etwas vergessen! Den braunen Umschlag!
Nadine:	*(erschrocken)* Stimmt! Na, da bin ich aber gespannt. *(Sie greift nach dem Umschlag, aber Sandra ist schneller und hält ihn fest. Alle schauen sie erstaunt an.)*
Sandra:	Bekomm' keinen Schreck! Das ist von der letzten Untersuchung in meiner Praxis!
Nadine:	*(etwas irritiert)* Meinst du von der letzten Ultraschallaufnahme? Du sagtest doch, sie sei nichts geworden!?
Sandra:	*(grinsend)* Sieh selbst! *(Nadine öffnet unsicher den Umschlag und zieht ein kleines Foto heraus.)*
Nadine:	*(mit gerunzelter Stirn und zusammengekniffenen Augen)* Die Aufnahme ist wirklich nichts geworden. Total verwackelt! Ich sehe alles doppelt.
Sandra:	*(triumphierend)* Nicht du siehst doppelt. Sie sind doppelt!!

Hallo, hier spricht Tanja

Sketchdauer: ca. 5 Minuten | **Personen:** Zwei ehemalige Schulfreundinnen | **Requisiten:** Zwei Telefone, eine Zeitschrift, kleines Radio | **Mobiliar:** zwei Stühle oder andere Sitzgelegenheiten | **Szene:** die beiden Wohnungen, durch eine Wand voneinander getrennt | **Zeit:** am Abend | **Ton:** Telefonklingeln, leise Hintergrundmusik aus dem Radio | **Eingangsszene:** Die Bühne ist zweigeteilt. Auf der linken Seite der Zuschauer befindet sich Tanjas, auf der rechten Seite Jasmins Wohnung. Tanja kommt im Mantel in ihre Wohnung gehetzt, wirft ihn noch im Laufen über einen Stuhl, ergreift das Telefon, das auf dem Tisch steht, und wählt eine Nummer. Jasmin sitzt entspannt auf der Couch oder auf einem Stuhl am Tisch, auf den sie locker und bequem ihre Füße gelegt hat, und blättert gut gelaunt in einer Zeitschrift, als ihr Telefon klingelt.

Jasmin:	Hallo?
Tanja:	*(aufgeregt)* Jasmin? Ich bin's, Tanja! Du wunderst dich sicher über meinen Anruf, denn seit dem Abitur haben wir nichts mehr voneinander gehört, aber…
Jasmin:	*(sie erfreut unterbrechend)* Überhaupt nicht, Tanja! Du rufst bestimmt wegen der Karte an…
Tanja:	*(unruhig und sie hastig unterbrechend)* Welche Karte? Warte! Ich muss dir unbedingt etwas erzählen. Stell dir mal vor, wen ich heute im Supermarkt getroffen habe?
Jasmin:	Na, wen denn?
Tanja:	*(aufgeregt)* Jemanden von früher! Da kommst du nie drauf!
Jasmin:	*(nachsichtig)* Aus der Schule? Sag schon, wen denn?
Tanja:	*(triumphierend)* Manfred Biedenmeier!!
Jasmin:	Du meinst Manfred…
Tanja:	*(sie wieder unterbrechend)* Ja! Deinen Manfred!!
Jasmin:	*(zögernd)* Wann? Wo?

Tanja: *(ungeduldig)* Im Supermarkt, habe ich doch schon gesagt! Du hättest sehen sollen, was da in seinem Einkaufswagen saß!

Jasmin: *lag*, meinst du wohl!

Tanja: *(aufgeregt)* Saß, Jasmin! s - a - ß! Die Kleine ist ihm wie aus dem Gesicht geschnitten. Gut aussehend war er ja schon immer, das muss man ihm lassen, wenn auch sonst ein absoluter Egoist und Schmeichler! Ein hübsches Ding, seine Tochter. Was man von der Mutter nicht unbedingt behaupten kann!

Jasmin: *(erstarrend)* Mutter?

Tanja: *(boshaft lachend)* Klapperdürre, sag ich dir, und das Blond war auch nicht echt, wenn du mich fragst. Aber Liebe macht ja blind! Die ganze Zeit haben sie miteinander herumgeschnäbelt in der Schlange an der Kasse. Und dabei konnte er seine Hände nicht eine Sekunde von ihrem platten Po lassen. Ich habe es genau beobachtet.

Jasmin: *(krächzend)* Unechter, blonder platter Po?

Tanja: *(lachend)* Schlimmer, meine Liebe: unechtes Blond *und* platter Po! *(ruhiger)* Und dabei dachte ich in unserem letzten gemeinsamen Schuljahr, dass er ganz wild nach deinen schwarzen Locken und üppigen Formen war *(kichert)*. – Und jetzt erzähl doch mal, wie es dir so geht. Wir haben uns ja ewig nicht mehr gesprochen! – Was hast du vorhin übrigens von einer Karte gesagt? Sie muss wohl noch in meinem Briefkasten liegen.

Jasmin: *(räuspert sich nur, versucht ihre Stimme wiederzugewinnen, bringt aber kein Wort heraus)*

Tanja: *(besorgt)* Jasmin? Ist alles in Ordnung?

Jasmin: *(langsam und mit belegter Stimme)* Alles in bester Ordnung. Vergiss die Karte!

Tanja: *(irritiert)* Was meinst du?

Jasmin: *(kalt)* Manfred und ich haben vor einem Jahr geheiratet und wollten dich zur Taufe unserer Tochter einladen.

Taufe mit Hindernissen

Taufe   **Sketchdauer:** ca. 10 Minuten | **Personen:** Pfarrer, die Eltern, vier Taufpaten, Gäste, Polizeibeamtin | **Mobiliar:** Taufbecken, Bänke für die Gäste | **Kostüme / Requisiten:** Umhang für den Pfarrer, Taufbecken bzw. Wassergefäß, Polizeiuniform bzw. -mütze o. Ä. | **Eingangsszene:** Der Pfarrer steht in der Mitte vor dem Taufbecken. Zu seiner rechten Seite ist eine Lücke – die Mutter fehlt – , daneben stehen zwei der Taufpaten (Hanna und Klaus). Links von ihm steht der Vater (Bernd), neben ihm die beiden anderen Taufpaten (Jutta und Stefan). Die fünf Personen haben die Hände feierlich gefaltet und wirken abwartend und etwas nervös. Der Pfarrer lächelt freundlich in die Gesichter der Gäste, die erwartungsvoll auf den Bänken sitzen. Der Pfarrer räuspert sich, schaut neben sich auf den leeren Platz und zur Tür. Die anderen treten ungeduldig und peinlich berührt von einem Fuß auf den anderen. Plötzlich geht die Tür auf und die Mutter, Margot, läuft unsicheren Schrittes eilig auf die Gruppe zu. Sie schüttelt dem Pfarrer mit einem entschuldigenden Lächeln die Hand, nickt ihrem Mann und den Taufpaten zu und nimmt ihren Platz neben dem Pfarrer ein.

Pfarrer: *(erleichtert)* So, dann können wir ja mit der Taufe beginnen. *(Alle schauen zu Margot hin, die die Hände feierlich gefaltet hat und zu Boden sieht.)*

Hanna: *(flüsternd)* Margot! *(Margot reagiert nicht. Hanna schaut mit einem verzweifelten Blick zu Klaus.)*

Klaus: Was hat sie denn?

Hanna: *(zuckt mit den Achseln, wendet sich wieder Margot zu, etwas lauter)* Margot!! *(Margot reagiert immer noch nicht.)*

Hanna: *(stößt ihr mit dem Ellenbogen in die Seite, noch lauter, sodass alle anderen Umherstehenden zusammenzucken)* Margot!!!

Margot: *(zusammenzuckend)* Ja! Was ist denn?

Hanna:	*(mit Kopfnicken zum Pfarrer)* Wir wollen anfangen.
Margot:	*(erstaunt)* Gut. *(Der Pfarrer lächelt ihr freundlich, aber etwas irritiert zu.)*
Hanna:	Das Kind!
Margot:	Welches Kind?
Hanna:	*(ungeduldig)* Donnerwetter, Margot! *Dein* Kind!!
Pfarrer:	*(hilfsbereit)* Der Täufling, Frau Werner, der Täufling!
Margot:	*(plötzlich lebhaft)* Ja natürlich! Josephine – unser Täufling! *(wendet sich zu ihrem Mann)* Bernd, wo ist Josephine?
Bernd:	*(entsetzt)* Wie bitte?
Margot:	*(verstört)* Hast du sie nicht mitgenommen?
Bernd:	*(völlig überrascht)* Ich? Mitgenommen? Aber... ich bin doch viel früher losgefahren, um Jutta, Stefan und Oma abzuholen.
Margot:	*(undeutlich murmelnd)* Hast sie also nicht mitgenommen...
Bernd:	*(verstört)* Natürlich nicht! Wo ist sie also?
Margot:	*(mit weinerlicher Stimme)* Es war aber auch viel los heute! Den ganzen Morgen bin ich von einer Ecke in die andere gerannt, um alles vorzubereiten für die Taufe. Weißt du, wie viele Gäste nachher kommen? Denkst du, ich kann immer an alles denken...?
Bernd:	*(fassungslos)* Immer an alles denken nennst du das?
Pfarrer:	*(räuspert sich, beschwichtigend)* Sicher lässt sich alles aufklären.
Bernd:	*(verstört)* Oh Gott!
Jutta:	*(beunruhigt)* Wo ist Josephine denn nun?
Stefan:	*(tritt nach vorne, im Ton eines Polizeibeamten)* Wann und wo habt ihr sie das letzte Mal gesehen?
Margot:	Ich glaube heute Morgen... *(Die Gäste sind inzwischen unruhig geworden, rutschen nervös auf den Bänken hin und her und unterhalten sich mehr oder weniger diskret miteinander.)*
Hanna:	Wo kann sie denn sein?
Margot:	*(verzweifelt nachdenkend)* Also, ich habe sie ins Laufgitter gesetzt, als ich ans Telefon musste und dann...
Hanna:	*(ruhig)* Und als du vom Telefon zurückgekommen bist?

Margot: *(langsam und nachdenkend)* Ja, da saß sie immer noch im Laufgitter und spielte …

Klaus: *(hilfsbereit)* Und was hast du dann gemacht?

Margot: Dann habe ich eine klitzekleine Beruhigungstablette genommen, weil ich doch so aufgeregt wegen der Taufe war!

Bernd: *(taumelnd)* Eine klitzekleine Beruhigungstablette!

Margot: *(kleinlaut)* Ich habe schnell noch ein paar Sachen zusammengepackt und bin dann losgefahren.

Jutta: *(entsetzt)* Und Josephine ist jetzt immer noch allein im Laufgitter?

Stefan: *(sie in die Seite stoßend)* Nun mach es doch nicht noch schlimmer als es schon ist!

Margot: *(schniefend)* Das kann doch nicht sein …

Jutta: *(entsetzt, langsam und mit abgehackter Stimme)* Da sitzt sie noch … allein im Laufgitter!

Stefan: Jutta!!!

Margot: *(vor sich hinmurmelnd)* Aber habe ich sie denn nicht noch in den kaputten Kindersitz gesetzt? Oder war das gestern? Oh Gott … *(Plötzlich geht die Kirchentür auf und eine Polizeibeamtin kommt herein.)*

Polizeibeamtin: Entschuldigen Sie bitte die Störung, aber weiß von Ihnen vielleicht jemand, wem der rote Kombi in der Einfahrt gehören könnte? Am Steuer sitzt ein kleines Mädchen, singt fröhlich „Brumm, Brumm“ und spielt mit dem steckenden Zündschlüssel. *(Mit einem Aufschrei läuft Margot nach draußen.)*

Margot: *(triumphierend)* Ich habe sie nicht zu Hause vergessen, wusste ich es doch!

Konfirmation und

Erstkommunion

In religiös geprägten Familien Anlässe für
große Familienfeiern, oft auch für große
Geschenke. Bevor man den Segen
bekommt, Geschenke auspacken und
feiern darf, hat man mehrere Wochen
den Konfirmanden- oder Kommunions-
unterricht besucht. Dabei ist einem
manches Licht aufgegangen – wenn auch
nicht in jeder Stunde.

Weise Sprüche

Sketchdauer: ca. 10 Minuten | **Personen:** der Pastor, die Konfirmanden Harry, Stefanie, Bianca und Knut | **Mobiliar:** 5 Stühle | **Requisiten:** Unterlagen (Hefter oder Blätter) | **Eingangsszene:** Der Pastor sitzt auf seinem Stuhl vor den Konfirmanden, die sich kreisförmig um ihn herum gesetzt haben.

Pastor: Zur heutigen Stunde solltet ihr euch jeweils einen Konfirmationsspruch aus der Bibel aussuchen. Konnte jeder etwas für sich Passendes finden? *(Alle nicken und geben Laute der Zustimmung von sich.)* – Gut! Lest nun nacheinander eure Sprüche vor und erklärt kurz eure Wahl. Stefanie, fängst du an?

Stefanie: *(eifrig von ihrem Blatt ablesend)* Mein Spruch trägt die Überschrift „Bei Gott finde ich Ruhe" und lautet:
    Gott wende ich mich zu,
    darum bin ich ruhig;
    von ihm allein erwarte ich Hilfe.
    Er ist der Fels und die Burg,
    wo ich in Sicherheit bin;
    ich mag wanken,
    doch ich werde nicht fallen!

Pastor: *(nickend)* Der 62. Psalm! Was hat dir daran so gut gefallen?

Stefanie: Ich fand die Idee gut, dass es jemanden oder etwas gibt, der oder das immer für einen da ist, einen beschützt und in schwierigen Situationen hilft.

Pastor: Ja, dieser Spruch vermittelt Zuversicht, da hast du Recht. *(wendet sich Bianca zu)* Und was hast du gewählt, Bianca?

Bianca: *(wühlt etwas zerstreut in ihren Papieren)* Ich glaube, ich habe vergessen mir aufzuschreiben, woher mein Spruch stammt… Ich lese ihn erst einmal vor:
    Ob einer essen und trinken kann und genießen,
    was er sich erarbeitet hat,

dieses Glück hängt nicht von ihm selber ab:
es ist ein Geschenk Gottes.

Pastor: Dein Spruch stammt aus dem Buch Kohelet, aus dem 2. Kapitel.

Bianca: Ja, genau! Für mich bedeutet dieser Spruch, dass man dankbar für das sein soll, was man hat und nicht selbstgenügsam werden darf.

Pastor: Auch du hast dir einen sinnvollen Spruch ausgesucht. – *(zu Harry)* Was hast du gefunden, Harry?

Harry: *(betont lässig)* Also mein Spruch ist kurz und bündig. *(Alle kichern.)*

Bianca: Wie immer!

Harry: *(mit einem bösen Blick auf Bianca)* Er lautet:
Verurteilt nicht andere,
damit Gott nicht euch verurteilt!
(Bianca räuspert sich unwohl.)

Pastor: Etwas aus dem Neuen Testament: Matthäus!

Harry: Ich fand diese Worte wirklich auf jede Situation im Leben anwendbar, und wenn sich alle daran halten würden, dann gäbe es nicht so viel Bosheit *(mit einem bedeutungsschweren Blick auf Bianca)* auf der Welt!

Pastor: *(ablenkend)* Das ist sicher wahr! *(sieht Knut an)* Und nun Knut. *(Knut war in Gedanken versunken und schrickt zusammen, als sein Name genannt wird.)* Knut?

Knut: *(überrascht)* Ja?

Pastor: *(freundlich auffordernd)* Dein Konfirmationsspruch!

Knut: *(nervös)* Bei mir gab es in den letzten Tagen wegen der Vorbereitung der Konfirmationsfeier einige Pannen zu Hause und da hatte ich eigentlich gar keine Zeit, mir etwas zu überlegen...

Pastor: *(streng)* Du wirst doch wohl während der letzten Woche etwas Zeit gehabt haben, um dir einen Spruch zu notieren, der nichts Geringeres zum Ziel hat, als dich durch dein Leben zu leiten!

Knut: Ja, schon... Es ist nur schon ein paar Tage her, und ich weiß nicht, ob er jetzt noch passt.

Pastor: *(versöhnlich)* Lies ihn doch einmal vor!

Knut: *(zögernd)*

> Mein Gott, mein Gott,
> warum hast du mich verlassen?

(Pause. Alle schweigen.)

Pastor: Ist das alles?

Knut: Nein, es geht noch weiter. *(lauter)*

> Warum hörst du nicht,
> wie ich schreie?
> Warum bist du so fern?

(Pause. Alle schauen Knut fragend an.)

Pastor: *(sich räuspernd)* Das ist der Beginn eines Liedes von David aus dem 22. Psalm, der die Überschrift „Rettung aus äußerster Verlassenheit" trägt.

Knut: *(rechtfertigend)* Ja, ich fühlte mich auch echt verlassen zu dem Zeitpunkt, als ich den Spruch aufschrieb! *(Alle schauen Knut mitleidig an.)*

Pastor: *(verständnisvoll und sanft)* Möchtest du uns erklären warum oder ist dir das zu persönlich?

Knut: Also an diesem Tag hat meine Schwester meinen neuen Konfirmationsanzug mit dem Bügeleisen verbrannt, und meine Mutter hat beschlossen, dass ich aufgrund von Sparmaßnahmen in unserer Familie den alten Anzug meines Bruders tragen muss.

Pastor: *(fassungslos)* Und deswegen hast du dich gleich von Gott verlassen gefühlt?

Knut: *(entrüstet)* Ja, allerdings! Mein Bruder wiegt 10 Kilo mehr und ist fast einen halben Meter kleiner als ich!

Parfüm und Süßigkeiten

Erstkommunion **Sketchdauer:** ca. 3 Minuten | **Personen:** Frau Hansen und ihre Tochter Marie (ca. 10 J.) | **Mobiliar:** Tisch und zwei Stühle | **Requisiten:** Kartoffelschäler und Kartoffeln | **Eingangsszene:** Frau Hansen sitzt am Tisch und schält Kartoffeln. Marie erscheint und setzt sich zu ihr an den Tisch.

Frau Hansen:	Ach, Marie! Schön, dass du mir helfen kommst! Dann wird das Mittagessen schneller fertig!
Marie:	Eigentlich muss ich gleich wieder zu Babsi ans Telefon.
Frau Hansen:	*(enttäuscht)* Ach so! Worum geht es denn?
Marie:	Sie will wissen, ob ich ab nächste Woche mit zum Kommunionsunterricht komme.
Frau Hansen:	*(überrascht)* Kommunion? Aber du bist doch gar nicht katholisch!
Marie:	Ich möchte es aber werden!
Frau Hansen:	*(lächelnd)* Nur weil deine beste Freundin katholisch ist und nicht allein zum Kommunionsunterricht gehen will, wirst du jetzt also auch katholisch!
Marie:	*(leicht empört)* Das stimmt gar nicht! Ich finde das auch ganz interessant.
Frau Hansen:	Was findest du interessant?
Marie:	Na das, was Babsi so darüber erzählt hat. Sie war mit ihrer Schwester Daniela gestern das erste Mal in der Kirche…
Frau Hansen:	Das erste Mal? Na, das wurde aber auch Zeit!
Marie:	Jedenfalls hat es ihr dort gut gefallen und jetzt will sie auch zur Kommunion.
Frau Hansen:	Was hat ihr denn so gut gefallen?
Marie:	Eben alles!
Frau Hansen:	Aber etwas muss sie dir doch besonders eindrucksvoll geschildert haben. Sonst wärst du nicht plötzlich so begeistert von der Idee, selbst zur Kommunion zu gehen.

Marie: Na ja...

Frau Hansen: Waren es die gesungenen Lieder?

Marie: Nein, die Frau neben Babsi war total heiser.

Frau Hansen: Dann war es die Predigt ?

Marie: Nein, die hat Babsi eigentlich nicht so richtig verstanden.

Frau Hansen: *(legt den Schäler aus der Hand)* Wahrscheinlich war Babsi von den prächtigen Gewändern beeindruckt, was?

Marie: Babsi mag keine Männer in langen Sachen!

Frau Hansen: *(seufzend)* Was kann es denn dann gewesen sein?

Marie: Es war das Parfüm und das Essen!

Frau Hansen: *(überrascht)* Parfüm und Essen?

Marie: Babsi hat erzählt, dass die Angestellten dort die ganze Zeit kleine Gefäße mit rauchendem Parfüm neben dem Chef herumgeschwenkt haben. Und zum Schluss bekam jeder im Publikum, der nach vorne kam, eine Süßigkeit in den Mund gesteckt!

Bestanden!

Führerschein und Schulabschluss

Ob hart erkämpft oder souverän gemeistert. Nach einer bestandenen Prüfung machen sich Erleichterung und Feierlaune breit. Wenn Sie wissen möchten, wie man sich fühlt, wenn man gerade die dritte Führerscheinprüfung hinter sich hat, wenn man trotz bester Noten einfach nicht an den Vater heranreicht, oder wenn man als Abiturient erfolgreich die Prüfer niedergeredet hat, lesen Sie das folgende Kapitel.

Alle guten Dinge sind drei

Sketchdauer: ca. 12 Minuten | **Personen:** Fahrschülerin Sabine Hatz (18 – 20 J.), Fahrlehrer (40 – 50 J.), und Prüfer (50 – 60 J.) | **Mobiliar:** vier in zwei Reihen hintereinander stehende Stühle | **Requisiten:** ein Lenkrad, ein Block mit Stift für den Prüfer, ein großes Taschentuch | **Ton:** Bremsgeräusche | **Eingangsszene:** Das Auto kommt mit quietschenden Bremsen zum Stehen. Fahrschülerin Sabine sitzt entspannt lächelnd auf dem Fahrersitz, neben ihr sitzt tief in den Sitz versunken ihr Fahrlehrer. Der Prüfer tupft sich mit einem Taschentuch den Schweiß von der Stirn und lockert sich die Krawatte.

Sabine:	*(freudig)* Na, wie war ich dieses Mal? Viel besser als die beiden anderen Male oder etwa nicht?
Fahrlehrer:	*(rutscht etwas aus seinem Sitz nach oben, streift die schweißnassen Hände an seiner Hose ab, räuspert sich)* Sicher, dieses Mal ist wenigstens keiner umgekommen.
Sabine:	*(schmollend)* Das war bei der allerersten Prüfung. Konnte ich denn wissen, dass dieser komische Typ plötzlich mitten auf der Straße stehen bleibt?
Fahrlehrer:	Zu Tode erschrocken hat er sich, weil Sie ihn mit Lichthupenzeichen bombardiert haben!
Sabine:	Ich dachte doch, dass sei der Knopf für den Scheibenwischer gewesen!
Prüfer:	Frau Hatz, Sie haben vorhin fast eine rote Ampel überfahren…
Sabine:	*(unterbricht ihn)* Aber nur *fast*!! Mit welchem Reaktionsvermögen ich dann aber in letzter Minute noch gebremst habe! Das war ein Ding, was? *(schlägt dem Fahrlehrer, der dabei zusammenzuckt, burschikos auf den Oberschenkel)*
Prüfer:	Mm, und als Nächstes sind Sie in eine Einbahnstraße gefahren…
Sabine:	*(unterbricht ihn wieder und hebt naseweis den Zeigefinger)* Das ist jetzt aber echt unfair! Sie haben schließlich gesagt:

	„Die nächste Straße links", und ich habe nur getan, was Sie mir gesagt …
Prüfer:	*(verärgert)* „Die *nächstmögliche* Straße links", habe ich gesagt. *(schüttelt den Kopf)* – Erinnern Sie sich an Ihr Einparkmanöver am Hang?
Sabine:	*(triumphierend)* Na klar! Das war 'ne echte Herausforderung.
Fahrlehrer:	*(leise, schlägt sich mit der flachen Hand gegen die Stirn)* Das kann nicht wahr sein …
Prüfer:	*(imitiert Sabines Stimme)* Ne echte Herausforderung! Sie wären fast in den nagelneuen Porsche, der vor Ihnen parkte, hineingekracht, wenn Herr Neumann nicht in letzter Minute …
Sabine:	*(unterbricht ihn)* Na, jetzt übertreiben Sie aber! Gerade mal die Stoßstangen haben sich geküsst. *(kichert)* Ich wollte ja auch sofort wieder die Handbremse ziehen, aber Neumännchen ist ja immer so voreilig. *(schlägt dem Fahrlehrer wieder auf den Oberschenkel)*
Prüfer:	Sie haben eine sehr eigene Art und Weise, die Dinge zu sehen, Frau Hatz!
Fahrlehrer:	Das kann man wohl sagen! Deshalb ist sie ja auch heute zum dritten Mal hier.
Prüfer:	*(überrascht, blättert in seinen Unterlagen, um Informationen darüber zu finden)* Zum dritten Mal? Wie ist denn das zu erklären?
Sabine:	*(mit einer wegwerfenden Handbewegung)* Ach, reine Lappalien!
Prüfer:	*(in Richtung Fahrlehrer)* Reine Lappalien?
Fahrlehrer:	*(stur nach vorne blickend, mit der Stimme eines Automaten an seiner rechten Hand abzählend)* Zum ersten Mal durchgefallen wegen fahrlässiger Tötung eines Passanten …
Sabine:	*(schmollend)* War ein Versehen, habe ich doch schon vorhin erklärt.
Fahrlehrer:	*(fortfahrend)* Zum zweiten Mal durchgefallen wegen grober Sachbeschädigung. Frau Hatz glaubte *(betont laut)* ein Reh am Straßenrand gesehen zu haben *(Blick nach hinten zum Prüfer,*

der mit großen Augen und offen stehendem Mund zurück-
schaut), das sie für kurze Zeit vom Straßenverkehr ablenkte.
Dadurch fuhr sie auf den Mittelstreifen und mitten in eine
Grünanlage mit   ähem – *(betont laut)* Springbrunnen hinein.

Prüfer: *(verblüfft)* Ein Reh?

Sabine: *(entschuldigend)* Das Vieh sah wirklich aus wie ein Reh!

Fahrlehrer: *(sachlich)* Es war ein Afghanischer Windhund!

Prüfer: Donnerwetter, dagegen war unsere Prüfung heute ja eine
gemütliche Spazierfahrt!

Sabine: *(freudestrahlend, auf ihrem Sitz hin- und herhüpfend)* Ich sag's
ja! Ging doch alles glatt! Habe ich nun bestanden?

Prüfer und
Fahrlehrer: *(aus einem Munde)* Bestanden?

Sabine: *(zuckt fragend mit den Schultern)* Mm?

Fahrlehrer: *(leise zum Prüfer)* Der Idiotentest nach dem dritten Mal
Durchfallen ist abgeschafft worden... Das heißt...

Prüfer: *(nickt ergeben)* ...dass sie alle zwei Wochen wiederkommen
wird, bis sie endlich ihren Schein bekommt!

Prüfer und
Fahrlehrer: *(nickend)* Mm, mm.

Sabine: Heißt das *ja*?

Prüfer: *(mit zitternder Hand, krampfhaft lächelnd und formell)*
Herzlichen Glückwunsch, Frau Hatz! Sie haben soeben nach –
ähem – dreimaligem Anlauf und – ähem – einigen Schwierigkeiten im Vorfeld Ihre Führerscheinprüfung bestanden.

Fahrlehrer: *(murmelt)* Herzlichen Glückwunsch!

Prüfer: *(sammelt seine Unterlagen zusammen, lächelt versöhnlich)*
So, nach der ganzen Aufregung brauchen Sie jetzt wohl erst
einmal eine kleine Fahrpause, was?

Sabine: Aufregung? Fahrpause? Jetzt geht's erst richtig los! Morgen
melde ich mich für den Taxi-Schein an!

Prüfer und
Fahrlehrer: *(schlagen sich mit den Händen vor den Kopf)* Oh nein!

Dumm gelaufen!

Führerschein

Sketchdauer: ca. 7 Minuten | **Personen:** Fahrschüler und vermeintliche Sekretärin der Fahrschule | **Mobiliar:** Tisch und zwei Stühle | **Requisiten:** Aktenordner und ein Karteikasten mit Karten, Stift, Formulare, Autoschlüssel | **Zeit:** mittags | **Eingangsszene:** Ein junger Mann mit Sonnenbrille betritt die leere Anmeldung einer Fahrschule. Er hat ein sehr arrogantes Auftreten.

Mann: *(ungeduldig und laut)* Hallo! Ist jemand da? *(Keine Antwort. Herablassend)* Wahrscheinlich sind die Mädels wieder am Kaffeetrinken oder sie albern mit den Fahrlehrern herum!

Frauenstimme aus dem Hintergrund: Einen kleinen Moment, bitte!

Mann: *(großkotzig)* Aber nicht länger, Schätzchen. Ich habe meine Zeit nicht im Lotto gewonnen! *(Er setzt sich auf den Stuhl vor dem Schreibtisch, schlägt ein Bein über das andere, zieht sein Handy aus der Jackentasche und tippt eine Nachricht ein. Eine attraktive Frau erscheint und setzt sich ihm freundlich lächelnd gegenüber.)*

Frau: *(ihm die Hand reichend)* Böttcher ist mein Name. Tut mir Leid, dass Sie warten mussten. Aber ich hatte ein Problem mit dem Faxgerät dort hinten und ...

Mann: *(sie unterbrechend und ihr gönnerhaft die Hand schüttelnd)* Ja, ja! Frauen und die Technik! Seien Sie froh, dass Sie hier gemütlich im Büro herumwerkeln dürfen und nicht dort draußen sind! – Mein Name ist Sven Forschinger.

Frau: *(sich unwohl räuspernd, nicht mehr lächelnd und sachlich)* Was kann ich für Sie tun, Herr Forschinger?

Mann: Na, was glauben Sie denn, Mäuschen? Ich will natürlich bei einem eurer Fahrlehrer meinen Führerschein machen!

Frau: Klasse?

Mann: *(süffisant grinsend)* Ja, finde ich auch!

Frau: *(kühl)* Ich meine: Welche Klasse? 1, 2 oder 3?

Mann: *(etwas peinlich berührt, nimmt eine andere Sitzposition ein)* Ach so. Klasse 3 natürlich. Auto! *(grinsend)* Schneller Flitzer!

Frau: *(sachlich)* Schaltwagen oder Automatik?

Mann: Ist mit egal, Hauptsache es geht schnell. *(grinst vertraulich)* Ich will nämlich in zwei Monaten runter an die Côte d'Azur fahren… *(zwinkert ihr zu)*, Baywatch auf Französisch, verstehste? *(verschwörerisch)* Ein Typ, der selbst hinter dem Steuer sitzt, kann doch bei euch Bräuten viel besser punkten als ein Beifahrer, stimmt's?

Frau: *(leicht angewidert)* Hm… In zwei Monaten wollen Sie also schon Ihren Führerschein haben?!

Mann: *(arrogant abwinkend)* Das ist ein Klacks für mich! Als jahrzehntelanger Beifahrer kenne ich jedes Fahrmanöver theoretisch auswendig!

Frau: *(ironisch)* Theoretisch auswendig, soso!

Mann: *(belehrend mit dem Zeigefinger auf sie deutend)* Unsereins entwickelt auch als Beifahrer ein Gefühl fürs Fahren. Das versteht ihr Frauen nicht, ihr schaut lieber aus dem Fenster, während euch jemand durch die Gegend kutschiert!

Frau: *(sarkastisch)* Na, Sie sind wahrscheinlich ein echtes Naturtalent!

Mann: *(stolz)* Das wird Ihr Kapitän Ihnen schon noch berichten! Wann kann ich anfangen?

Frau: Ja, wenn Sie bereits in zwei Monaten eine Fahrt als *(betont)* Selbstfahrer geplant haben, dann sollten wir sofort anfangen.

Mann: *(zufrieden)* Na bitte, geht doch alles, man muss bei den Damen eben nur den richtigen Ton anschlagen, hm?

Frau: *(ihn unecht angrinsend)* Sicher, der Ton macht die Musik. – *(steht auf)* Los geht's! Vor der Tür steht ein grüner Golf. Ich ziehe mir noch schnell andere Schuhe an, schließe ab und bin gleich bei Ihnen.

Mann: *(verblüfft stotternd)* Wieso Sie…?

Frau: *(süffisant)* Mir gehört diese Fahrschule! Meine beiden
Fahrlehrerinnen sind zurzeit leider unterwegs, aber ich springe
gerne ein bei *(ironisch)* begabten Anfängern. *(wirft ihm lässig
den Autoschlüssel zu.)* Bitte, Herr Forschinger. Setzen Sie sich
ruhig schon in den Wagen. *(herablassend)* Dieses Mal dürfen
Sie auch auf der Fahrerseite einsteigen!

Ein leuchtendes Vorbild

Sketchdauer: ca. 10 Minuten | **Pesonen:** Vater, Sohn und Mutter | **Mobiliar:** Tisch, zwei Stühle | **Requisiten:** Ein Zeugnis und eine Zeugnismappe mit Zeugnissen | **Eingangsszene:** Der Sohn kommt gut gelaunt pfeifend mit seinem Abschlusszeugnis auf den Vater zu.

Sohn: *(stolz)* Ich hab's geschafft! Nie wieder Schule! Hier hast du es schwarz auf weiß! *(drückt dem Vater sein Zeugnis in die Hand)*

Vater: *(das Zeugnis entgegennehmend)* Na, lass mal sehen!

Sohn: *(stolz)* Ein recht gutes Abschlusszeugnis, findest du nicht? *(lacht)* Vor allem freue ich mich über die Drei in Mathematik!

Vater: *(belehrend)* Eine mittelmäßige Leistung! Mathematik ist sehr wichtig im Alltag, das wirst du schon noch merken. Außerdem schult es das logische Denken!

Sohn: Nicht jeder ist eben so ein Mathetalent, wie du es früher warst! Mir liegen eher Deutsch und die Sprachen.

Vater: *(nickend vom Zeugnis ablesend)* Deutsch 2, Englisch 1 und Französisch 2 – sehr schön! *(aufblickend und dozierend)* Auch mir war schon als Schüler bewusst, welche wichtige Rolle die Fremdsprachen einmal in unserer Welt spielen würden. Daher erarbeitete ich mir schnell und fleißig einen großen Wortschatz und verbrachte so manches Wochenende mit zusätzlichen Grammatikübungen, um die ich meine Lehrer regelmäßig bat.

Sohn: *(leicht genervt)* Du warst eben ein vielseitig begabtes Musterexemplar von Schüler!

Vater: *(ernst und wichtigtuerisch)* Es kommt nicht nur auf die Begabung an, lass dir das gesagt sein! Fleiß und Ausdauer sind ebenfalls wichtige Bestandteile des Erfolgs! Man sagt nicht umsonst: Ohne Schweiß keinen Preis!

Sohn: *(lachend)* Und das Schwitzen in der Schule war dir wohl nicht genug. Bist du deshalb Olympiatrainer geworden? – Apropos schwitzen: Hast du meine Eins in Sport gesehen?

Vater: (anerkennend nickend) Das habe ich bei deinen Erbanlagen auch nicht anders erwartet!

Mutter: (betritt fröhlich das Zimmer. Sie winkt beschwingt mit einer Zeugnismappe in der Hand.) Ich habe eine Weile gebraucht, bis ich sie gefunden habe! Hinter den alten Büchern im Wohnzimmerschrank war sie versteckt! (Der Vater schaut unwohl auf die Zeugnismappe. Die Mutter gesellt sich zu Vater und Sohn, legt die Mappe auf den Tisch, nimmt das Zeugnis ihres Sohns und liest es aufmerksam. Überrascht) Eine Drei in Mathematik! Na, mehr kann man wirklich nicht von dir erwarten!

Sohn: (stolz) Nicht wahr!

Vater: (leicht entrüstet zu seiner Frau) Was meinst du?

Mutter: Ihr wisst doch, dass ich mit Zahlen schon immer auf Kriegsfuß stand und auch du (zu ihrem Mann) hast sozusagen die Formeln nicht gerade mit Löffeln gefressen!

Sohn: (überrascht) Wie bitte?

Mutter: (auf die Zeugnismappe deutend) Dein Vater hat gerade noch ein „knapp ausreichend" in Mathematik im Abschlussjahr bekommen!

Vater: (windet sich) Na ja …

Mutter: (versöhnlich) Das macht doch nichts! Dafür hattest du Glück in den Sprachen!

Sohn: Wieso Glück?

Mutter: (verträumt zu ihrem Mann) All die Wochenenden, an denen wir gemeinsam im Kino oder in Konzerten waren, anstatt Grammatik zu pauken oder ellenlange Vokabellisten zu lernen … weißt du noch, Liebling? – Irgendwie konntest du dich aber durchschummeln, was?

Vater: (stockend) Nun ja … (Der Sohn schaut seinen Vater mit offenem Mund an.)

Mutter: (wieder auf das Zeugnis ihres Sohnes blickend) Donnerwetter!

Eine Eins in Sport! Das ist aber wirklich eine Leistung!

Sohn: *(verlegen)* Das liegt ja in der Familie!

Mutter: *(überrascht aufblickend)* In welcher Familie? – Ich war schon immer so bewegungsfreudig wie ein Faultier, und dein Vater war noch in seiner Abschlussklasse so ein dünner Hering, dass ihm Opa immer ein Attest schreiben musste, wenn die Jungen Leichtathletik hatten. Deshalb haben wir uns ja auch alle so gewundert, dass er dann später unbedingt Trainer werden wollte. Aber bei seinem Zensurendurchschnitt war das wohl die beste Entscheidung! Was hätte er sonst werden sollen? *(Der Sohn hat inzwischen angefangen, hinter vorgehaltener Hand zu kichern.)*

Vater: *(verärgert)* Was gibt es da zu lachen? *(zu seiner Frau)* Von wem sprichst du überhaupt?

Wie ein Wasserfall

Sketchdauer: ca. 7 – 10 Minuten | **Personen:** Abiturientin Nicole, ihre Freundin Peggy | **Eingangsszene:** Nicole kommt erleichtert aufseufzend aus dem Zimmer, in dem die letzte mündliche Prüfung stattgefunden hat. Peggy wartet auf die Freundin und läuft dabei nervös hin und her.

Nicole: *(freudig überrascht)* Peggy!! Toll, dass du auf mich gewartet hast! Ich bin vielleicht froh, dass alles vorbei ist!

Peggy: *(unsicher)* Wie ist denn die mündliche Prüfung gelaufen?

Nicole: *(selbstsicher)* Super! Ich habe nur die erste Frage abgewartet und dann losgeredet wie ein Wasserfall! *(lachend)* Auch die Prüfungsvorsitzende mit Ihren zwei Zwischenfragen habe ich erst gar nicht zu Worte kommen lassen.

Peggy: Also ist alles gut gelaufen. *(seufzt)* Zuerst hattest du doch solche Angst, dass dir nichts einfällt zum Thema…

Nicole: *(sie unterbrechend)* Ja, ja, ich weiß! Aber vor zwei Tagen war ich nervlich so fertig, dass ich einfach aufgehört habe, den ganzen Stoff zu wiederholen, und mir gesagt habe: Warte einfach auf ein Schlüsselwort und dann erzählst du los!

Peggy: *(skeptisch)* Und das hat einfach geklappt, wo du doch immer…

Nicole: *(sie wieder unterbrechend und abwinkend)* Ich sage dir doch: Manchmal muss man einfach nur Mut haben *(gestikuliert)*, sich nicht durch irgendwelche Fragen einschüchtern lassen *(gestikuliert heftiger und spricht lauter)* und nur einfach reden und dadurch überzeugen!

Peggy: *(anerkennend murmelnd)* Hm, einfach reden und dadurch überzeugen…

Nicole: *(mit ausholender Geste)* An die Wand geredet habe ich sie alle! Zuerst haben sie ja noch versucht, mich zu unterbrechen *(lacht ironisch)*. „Gelenktes Prüfungsgespräch" nennen die das!

	(herablassend) Ich nenne es „Verunsicherung der Prüfungskandidatin!" Auf so etwas habe ich mich erst gar nicht eingelassen!
Peggy:	*(nickend)* Verstehe!
Nicole:	Immer wenn jemand einhaken wollte, habe ich also einfach etwas lauter weitergesprochen.
Peggy:	*(wieder skeptisch)* Etwas lauter weitergesprochen?
Nicole:	*(bekräftigend)* Genau! Das ganze Prüfungskomitee hat auch ziemlich schnell gemerkt, dass diese Unterbrechungsmasche bei mir nicht zieht und mich schließlich nur noch mit großen Augen angestarrt.
Peggy:	*(unruhig)* Mit großen Augen angestarrt?
Nicole:	*(lachend)* Am Ende waren alle totenstill. Nur die Prüfungsvorsitzende hat noch ein heiseres *(die Prüfungsvorsitzende imitierend)* „Bitte warten Sie einen Moment draußen auf das Prüfungsergebnis." von sich geben können. *(Peggy runzelt die Stirn.)*
Nicole:	*(beruhigend)* Keiner hatte bei meinen Vornoten wohl erwartet, dass ich in der mündlichen Prüfung dann doch so viel zu sagen habe. Aber als ich erst einmal das Schlüsselwort „Evolution" hörte, habe ich *(angeberisch)* fast die gesamte Biologie zu diesem Thema vor ihnen ausgebreitet.
Peggy:	*(entsetzt)* Evolution?
Nicole:	*(erstaunt)* Ja?!
Peggy:	*(aufgeregt)* Aber Nicole! Du musst dich verhört haben! Sie haben wahrscheinlich etwas zum Thema *Erosion* hören wollen. Dein mündliches Prüfungsfach war doch Geographie und nicht Biologie!

Der Weg zur Reifeprüfung

Schulabschluss

Sketchdauer: ca. 5 Minuten | **Personen:** Gymnasialdirektor | **Ton:** Applaus und Zwischenrufe | **Requisiten:** gefülltes Wasserglas, eventuell Rednerpult, großes Stofftaschentuch | **Eingangsszene:** Der Direktor steht in feierlicher Pose am Rednerpult und hält die Abschiedsrede für die Abiturienten

Direktor: *(feierlich, langsam und würdevoll)* Ich begrüße zunächst einmal unsere diesjährigen Abiturientinnen und Abiturienten, ihre Familien und Freunde! *(kurze Pause und freundlicher Blick in die Runde)* Es ist schön, dass so viele heute hier zusammen-gekommen sind, um unsere erfolgreichen Schulabgänger angemessen zu verabschieden. *(Applaus aus dem Publikum; der Direktor lächelt wieder wohlwollend in die Menge und wird dann ernst.)*

Direktor: In der ersten und zweiten Reihe vor mir *(blickt feierlich vor sich)* sitzen nun also die – ich muss jetzt sagen – „ehemaligen" Schülerinnen und Schüler unserer Schule, die den Schulalltag hinter sich gebracht haben *(Juchuh-Rufe)* und nun dem Ernst des Lebens in die Augen sehen müssen. *(Buh-Rufe)*

Direktor: *(ernst und würdevoll)* Für viele unserer Abiturienten waren die letzten Prüfungswochen anstrengend und hart. Ich denke an die mühevollen Stunden des Lernens und der endlosen Wiederholung *(Seufzer im Publikum)*, an schlaflose Nächte und Prüfungsängste, auch an Zukunftssorgen. *(Ausrufe der Zustimmung aus der Menge)*

Direktor: *(lebhaft und ermunternd)* Aber ist nicht dieser Tag der Beweis dafür, dass sich all die Anstrengungen gelohnt haben, dass es der Mühe wert war? Nicht umsonst nennen wir das Abitur ja auch die Reifeprüfung. – Sie, meine Damen und Herren *(Geste in Richtung der Abiturienten und Abiturientinnen vor ihm)*, haben die *(betont)* Reifeprüfung bestanden. *(immer noch würdevoll)* Jede und jeder von Ihnen hat seinen individuellen Weg gefunden, mit den im Schulsystem auftretenden Schwierigkeiten und Anforderungen umzugehen und Hindernisse auf dem Weg zum Erfolg zu überwinden.

Direktor: *(nach einer Pause mit plötzlich verändertem, ironischem Tonfall und schnell)* Ich denke nur an die 120 versuchten und 33 erfolgreichen Täuschungsversuche, die 233 tätlichen Angriffe auf unser Lehrpersonal, 44 größere und 556 kleinere Diebstähle und 319 anonyme Drohbriefe an Kollegen, ganz zu schweigen von den 678 konfiszierten Bestechungsgeschenken im Vorfeld der Abiturprüfungen…
(wieder ruhig, lächelnd und würdevoll) Aber darauf werden wir ein anderes Mal zu sprechen kommen.

Direktor: Heute gratuliere ich Ihnen also zum Abitur – auch im Namen der anderen beiden anwesenden unversehrten und der restlichen 57 Kollegen und Kolleginnen, die sich zurzeit leider noch im Krankenhaus befinden – und wünsche Ihnen *(mit gequältem Lächeln)* alles Gute für Ihre und *(betont)* unsere Zukunft!

Verlobung, Polterabend und Hochzeit

Ohne Frage Freudenfeste. Eine heitere,
oft ausgelassene Stimmung herrscht vor.
Wo sonst, wenn nicht hier, sollte ein
Sketch angebracht sein? Stoff für
Sketche gibt es in Überfülle: das erste
(verkrampfte) Treffen mit den zukünftigen
Schwiegereltern; das echte Meißener, das
beim Polterabend aus Versehen zu Bruch
geht; ein Hochzeitskleid-Alptraum;
der untreue Ehemann, der mit der
Ankündigung seiner Frau konfrontiert
wird, seine Geliebte zur Silberhochzeit
eingeladen zu haben ...

Überraschung!

Sketchdauer: ca. 12 Minuten | **Personen:** Harald, ein junger Mann Mitte 20, und seine Eltern | **Mobiliar:** Esstisch und drei Stühle | **Requisiten:** Essgeschirr für drei Personen | **Eingangsszene:** Die drei Familienmitglieder sitzen am gedeckten Esstisch. | **Zeit:** mittags

Mutter:	*(reicht ihrem Sohn die Kartoffelschüssel)* Du bist ja heute so still, Haraldchen. Stimmt irgendetwas nicht?
Harald:	*(starrt auf seinen Teller)* Nö, alles in Ordnung.
Mutter:	*(nickt in Richtung Schüssel)* Na, dann lang mal tüchtig zu, Junge! Du siehst ja ganz verhungert aus!
Vater:	*(verdreht die Augen)* Bärbel! Der Junge kann sich doch selbst nachnehmen! *(Harald nimmt sich stumm und ohne vom Teller hoch zu sehen ein paar Kartoffeln auf den Teller und setzt die Schüssel zurück auf den Tisch.)*
Mutter:	*(sich räuspernd)* Wie war denn deine Verabredung mit dieser neuen Arbeitskollegin gestern? Wie hieß sie noch gleich?
Harald:	Anne. War ganz nett.
Mutter:	*(übertrieben)* Sie hat ja so einen reizenden Eindruck gemacht!
Vater:	*(sarkastisch)* Du hast sie doch noch nie gesehen!
Mutter:	*(leicht beleidigt)* Ihre Stimme am Telefon klang jedenfalls sehr sympathisch!
Vater:	*(nickend)* Hm.
Mutter:	*(zu Harald)* Wie alt ist sie denn, und ist sie schon irgendwie gebunden?
Vater:	Ich habe schon die Minuten gezählt, die du warten würdest, bevor diese Frage kommt!
Mutter:	*(etwas gereizt)* Als Mutter darf ich ja wohl Interesse an den Freundschaften meines Sohnes haben!
Vater:	*(höhnisch)* „Einzigen Sohnes", hast du vergessen zu sagen.
Mutter:	*(mit einer abwehrenden Handbewegung)* Ach du! Im Übrigen

	könntest du auch etwas interessierter wirken!
Vater:	Ich verwechsle nur nicht Interesse mit Neugierde!
Mutter:	*(ärgerlich den Kopf schüttelnd, dann wieder freund-lich zu ihrem Sohn)* Nun erzähl doch mal ein bisschen, Harald!
Harald:	*(mürrisch)* Da gibt es eigentlich nicht so viel zu erzählen. Sie ist nicht verheiratet…
Mutter:	*(reibt sich in freudiger Erwartung die Hände und nickt lächelnd und aufmunternd)* Und?
Harald:	… sondern zweimal geschieden… *(Mutter hält in ihrer Bewegung inne und hört auf zu lächeln.)*
Harald:	… und hat zwei erwachsene Kinder. Ach so, wie alt sie ist, wolltest du ja noch wissen. Schwer zu sagen, sie ist sehr attraktiv… ich schätze so um die 50. *(Vater fängt hämisch an zu lachen und sieht schadenfroh zu seiner Frau hinüber.)*
Mutter:	*(sich räuspernd, aber gefasst)* Ach so! Na ja, ist ja auch egal… Eine nette Arbeitskollegin jedenfalls, ja?
Harald:	Sie ist wirklich sehr nett und vor allem sehr verständnisvoll unter diesen Umständen.
Mutter:	*(wachsam)* Unter welchen Umständen?
Harald:	*(strafft seinen Oberkörper und blickt beiden ins Gesicht. ernst und mit feierlicher Stimme)* Mutter, Vater! Ich möchte euch etwas Wichtiges mitteilen.
Mutter und Vater:	*(aufmerksam)* Ja?
Harald:	Ich habe vor einiger Zeit jemanden kennen gelernt und werde mich demnächst verloben.
Mutter:	*(perplex)* Was für eine Überraschung! Jemanden kennen gelernt … und gleich verloben. Ist das nicht ein bisschen plötzlich?
Harald:	Ich weiß, es kommt alles etwas unvorbereitet für euch, aber ich war mir etwas unsicher, wie ihr… *(stottert etwas unsicher),* obwohl man ja in den Medien immer mehr davon hört und…
Mutter:	*(mit einem Aufschrei)* Ein Star! Deshalb hast du es geheim gehalten!! Kennen wir sie aus einer Talkshow?
Vater:	*(plötzlich interessiert)* Vielleicht sogar ein Serienstar?

Harald:	*(abwehrend)* Nein, ihr habt mich falsch verstanden!
Mutter:	*(irritiert)* Was heißt falsch verstanden? Du hast doch gesagt, dass man in den Medien immer mehr von ihr hört!
Vater:	*(nickt stumpfsinnig)* Habe ich auch so verstanden!
Harald:	*(aufstöhnend)* Darf ich auch etwas sagen?
Mutter und Vater:	*(beleidigt)* Bitte!
Harald:	Ich habe doch schon gesagt, dass meine Arbeitskollegin Anne zwei erwachsene Kinder hat.
Mutter:	*(unterbricht ihn ungeduldig)* Schön und gut, aber was hat denn Anne mit all dem zu tun?
Harald:	*(lauter)* Auf der letzten Weihnachtsfeier wurde sie begleitet von einem ihrer...
Mutter:	*(aufgeregt)* Ha! Jetzt verstehe ich! Die erwachsene Tochter deiner Arbeitskollegin ist beim Film! Sie hat ihre Mutter auf die Weihnachtsfeier begleitet, ihr habt euch kennen und *(mit einem Augenblinkern zu ihrem Mann)* lieben gelernt und...
Harald:	*(ärgerlich)* Das ist doch nicht zu fassen. Darf ich mal ausreden?
Vater:	*(beschwichtigend)* Bärbel! Jetzt lass den Jungen doch mal zu Worte kommen und die ganze Geschichte erzählen!
Mutter:	*(ruhiger und grinsend)* Ich wette, ich habe ins Schwarze getroffen. Gib's zu, Harald!
Harald:	*(verdreht die Augen)* Du hast vielleicht eine Fantasie! Von einer erwachsenen Tochter habe ich gar nichts gesagt!
Mutter:	*(irritiert)* Was meinst du? Keine Tochter?
Harald:	*(störrisch, aber selbstbewusst)* Tut mir Leid! Keine Tochter! Sie kam in Begleitung ihres äußerst attraktiven Sohnes. Er ist 25, heißt Martin, und ich habe ihn für kommenden Sonntag um vier Uhr zum Kaffee eingeladen, damit ihr ihn kennen lernen könnt. *(Mutter starrt ihn mit großen Augen und offenem Mund an. Vater kichert leise in sich hinein.)* Ach so. Beim Film ist er leider auch nicht. Martin ist Klempner!

Hipp und Hopp

Sketchdauer: ca. 3 – 5 Minuten | **Personen:** Tochter (Mitte 20), ihr Verlobter und ihre sehr jungen Eltern | **Mobiliar:** 3 – 4 Sitzkissen aus bunt bedrucktem Stoff auf dem Boden, eine Lampe mit einem bunten Stoff- oder Papierschirm: alles unverkennbar im Hippie-Stil | **Kostüme / Requisiten:** Nickelbrille, Plastikblumen als Haarschmuck, Schlaghosen, langer Baumwollrock und andere Kleidungsstücke nach Belieben für die Eltern im Hippie-Stil, eventuell eine Wasserpfeife neben den Kissen; Zigarettenblättchen und Tabak, Bücher und Zeitschriften, Teetassen und eine Kanne, adrette Kleidung für die Tochter (z. B. dunkelblaues Kostüm und weiße Bluse), Bundeswehruniform oder eleganter Anzug für den Verlobten | **Ton:** Musik aus dem Hintergrund: „California Dreaming" von den Mamas und Papas oder etwas Ähnliches | **Eingangsszene:** Mutter und Vater sitzen in lässiger Pose auf den Kissen. Sie kämmt sich die langen offenen Haare, flicht sich einen kleinen Zopf, den sie mit einer großen Plastikblume hochsteckt. Vor ihr stehen zwei Teetassen und eine Kanne auf dem Boden. Die benutzten Teebeutel liegen daneben. Er wiegt seinen Oberkörper im Rhythmus der Musik und dreht sich eine Zigarette. Zigarettenblättchen und Tabak, Bücher und Zeitschriften liegen überall verteilt herum.

Mutter: *(langsam)* Wie kommt das Mädchen nur auf diese Idee?

Vater: *(seufzend)* Ich weiß es nicht!

Mutter: *(mit den Achseln zuckend)* Und dabei haben wir uns doch wirklich solche Mühe mit ihr gegeben!

Vater: *(nickend)* Toni und Berti aus unserer alten Kommune waren auch ganz entsetzt, als sie davon erfuhren.

Mutter: Kein Wunder! Sie haben sie ja schließlich mit aufgezogen. *(sehnsüchtig)* Eine große glückliche Familie waren wir damals!

Vater: Auch Frank und Doro konnten es nicht fassen.

Mutter: *(zustimmend)* Natürlich nicht. Monatelang gemeinsame pränatale Meditationskurse und unsere Sessions mit dem Meeresrauschen *(blickt versonnen)* ... und dann diese Entwicklung! *(leicht verzweifelt)* Absolut unvorhersehbar!

Vater: *(legt die selbst gedrehte Zigarette weg, rutscht zu ihr herüber, setzt die Brille ab, nimmt ihre beiden Hände in seine und blickt ihr tief in die Augen)* Liebling, du darfst dich damit nicht so belasten. Das stört deinen inneren Energiefluss!

Mutter: *(mit einem Seufzer)* Ich weiß ja, aber vielleicht hätte ich ...

Vater: *(drückt ihre Hände)* Du hast alles getan, um sie auf dieses Leben vor dem Nirwana und seine Tücken vorzubereiten. Dich trifft keine Schuld! Keiner konnte so etwas ahnen!

Mutter: *(nickend)* Vielleicht liegt es daran, dass sie im Zeichen des Wassermannes geboren ist?! *(Musik aus dem Musical „Hair" [Aquarius] ertönt, Vater steht auf, stellt das Radio lauter und beide wiegen sich anschließend eng umschlungen im Takt. Plötzlich kommt die Tochter Hand in Hand mit einem jungen Mann [zackiger Schritt, kurze, nass gekämmte und gescheitelte Haare] in Bundeswehruniform [oder Anzug] ins Zimmer.)*

Tochter: Frieder, Marian? Könnt ihr mal kurz unterbrechen? Ich möchte euch heute endlich meinen Verlobten Heinz vorstellen!

Das Weiße mit dem Goldrand

Sketchdauer: ca. 12 Minuten | **Personen:** Oma und Enkelin
(20 – 30 J.) | **Mobiliar:** Couchtisch und zwei Sessel bzw. Esstisch
und zwei Stühle | **Requisiten:** Kuchenplatte mit Kuchenstück-
chen, Kaffeegeschirr für zwei Personen | **Zeit:** nachmittags
| **Eingangsszene:** Oma und Enkelin Angelika sitzen einander
gegenüber am Tisch, essen Kuchen und lachen dabei ausge-
lassen. Die Stimmung ist entspannt und lustig.

Angelika: *(vergnügt)* Oma, du hättest mal sehen sollen, wie ich die ganze
Meute in meiner kleinen Wohnung untergebracht habe! Wie
die Büchsensardinen standen sie am Büfett!

Oma: *(lächelnd)* Na siehst du, da war es wohl doch besser, dass ich
gestern Abend nicht auch noch dabei war.

Angelika: *(beteuernd)* Nein, überhaupt nicht! Schade, dass dein Bein
immer noch nicht besser ist und du nicht kommen konntest.
Wir haben dich wirklich vermisst auf unserem Polterabend!

Oma: Na, wo du doch aber so wenig Platz hattest!

Angelika: *(abwehrend)* Ach was! Auf einen mehr oder weniger kommt es
dann auch nicht mehr an! Du hättest sicherlich Spaß daran
gehabt, all meine alten Schulfreundinnen wieder zu sehen, die
bei uns früher immer ein- und ausgegangen sind. Und ein paar
neue Bekannte von Markus und mir hättest du wohl auch ganz
nett gefunden!

Oma: Habt ihr denn ordentlich Geschirr zerschlagen?

Angelika: Das kann man wohl sagen! Scherben bringen doch Glück, und
wir dachten: Je mehr Scherben, desto mehr Glück!

Oma: *(lacht)* Wo habt ihr denn das ganze Porzellan hergenommen?

Angelika: Also im Keller…

Oma: *(sie unterbrechend)* Apropos Keller: Habt ihr euch denn noch
die Klappstühle aus meinem Keller geholt?

Angelika: *(hastig)* Du, das war wirklich *die* Rettung! Zuerst dachte ich ja,

dass wir sowieso nur stehen würden, aber Markus' Eltern sind
ja nicht mehr so gut auf den Beinen und auch Heineckes und
Schneiders waren froh, dass es ein paar Sitzgelegenheiten gab.
Vielen Dank nochmals.

Oma: *(auflachend)* Ich bin ja froh, dass du die Stühle dort unten
gefunden hast. Ich selbst bin seit meinem Unfall gar nicht mehr
im Keller gewesen. Bestimmt finde ich in all dem Wust gar
nichts mehr!

Angelika: Dein Keller ist wirklich die reinste Fundgrube. Was da alles
steht! Ich kam mir vor wie auf dem Flohmarkt!

Oma: *(beleidigt)* Was meinst du: Wie auf dem Flohmarkt? Da sind
noch eine ganze Menge wertvoller Sachen eingelagert! Es
müsste nur mal wieder aufgeräumt werden.

Angelika: *(besänftigend)* Ich habe das nicht böse gemeint! Du weißt doch,
wie gerne ich auf Flohmärkte gehe! Und da wir gerade bei diesem Thema sind ... Ich war neugierig, was in all diesen Kisten
und Kartons steckt, und habe ein bisschen herumgestöbert ...

Oma: So? Was hast du denn dabei gefunden?

Angelika: Ach, eine Menge alter Kleidung und Hüte aus der Zeit deiner
Schneiderei ...

Oma: *(seufzend)* Ja, die Sachen müsste ich endlich einmal ins
Museum geben.

Angelika: Und dann noch jede Menge Küchenkram.

Oma: Küchenkram?

Angelika: Alte und kaputte Geräte und Besteck.

Oma: *(nickend)* Kaputte Geräte und Besteck also.

Angelika: ... und jede Menge alte Teller und Schüsseln.

Oma: *(plötzlich aufhorchend)* Was für alte Teller und Schüsseln?

Angelika: Ach, nichts Besonderes. In zwei alten Kartons lagen
verschiedene Porzellanteile.

Oma: Porzellanteile? Welche Farbe hatten diese Teile denn?

Angelika: *(abwehrend)* Ich glaube weiß, mit einem braunen Rand oder
so. Wirklich nichts Besonderes. Aber schwer waren die Kisten!

	Und alles war einzeln eingeschlagen, deswegen dauerte es dann oben so lange !
Oma:	*(unruhig)* Was genau dauerte oben so lange?
Angelika:	*(etwas verunsichert)* Das Auspacken!
Oma:	*(etwas verwirrt)* Hattest du denn auch zu wenig Geschirr für die Gäste?
Angelika:	*(auflachend)* Nein, jedenfalls nicht zum Essen.
Oma:	Jedenfalls nicht zum Essen? Wozu denn?
Angelika:	*(sich unwohl auf ihrem Stuhl windend)* Na ja, ich dachte, da Scherben doch Glück bringen und …
Oma:	*(sie unterbrechend)* … und ihr dachtet: Je mehr Scherben, desto mehr Glück …
Angelika:	*(gequält lächelnd)* Genau. Da haben wir die alten Teller und Schüsseln eben …
Oma:	*(laut)* … auf eurem Polterabend zum … „Poltern" benutzt, ich verstehe! *(Angelika nickt gequält lächelnd. Oma nickt ebenfalls ein paar Mal, bevor sie weiterspricht)* Bei den alten – wie sagtest du noch vorhin? – Porzellanteilen handelte es sich übrigens um ein uraltes, von meiner Großmutter vererbtes Porzellangeschirr aus Meißener Porzellan mit echtem Goldrand, das Queen Victoria Oma Lilly damals für ihre treuen Dienste schenkte. Eigentlich solltest du dieses Geschirr ja erst zu deiner Hochzeit bekommen, aber da ihr es schon zum Polterabend benutzt habt, werdet ihr entsprechend der großen Menge an Scherben hoffentlich in der Zukunft auch eine Menge Glück haben – wenn auch kein so wertvolles Essgeschirr!

Das Hochzeitskleid

Sketchdauer: ca. 3 Minuten | **Personen:** Mutter und Tochter | **Requisiten:** ein Häkelkleid (oder ein großes Stück gehäkelter Stoff), ein Karton | **Mobiliar:** zwei Stühle | **Eingangsszene:** Mutter und Tochter sitzen sich auf zwei Stühlen gegenüber. Die Mutter hält beide Hände ihrer Tochter und schaut ihr eindringlich in die Augen.

Mutter: Ingrid, du musst jetzt ganz tapfer sein.

Ingrid: *(unruhig)* Was ist denn, Mutter? *(Die Mutter beißt sich auf die Unterlippe.)* Hat es etwas mit meiner Hochzeit morgen zu tun? *(Die Mutter nickt stumm.)* Ist irgendetwas bei euren Vorbereitungen schief gelaufen?

Mutter: *(zögernd)* Ich würde nicht direkt sagen schief gelaufen.

Ingrid: *(leicht ungeduldig)* Warum siehst du mich dann so an?

Mutter: Ingrid – du musst mir versprechen, dass du nicht laut wirst, wenn ich es dir sage!

Ingrid: Was ist denn nicht in Ordnung?

Mutter: *(zögernd)* Es geht um dein Kleid.

Ingrid: *(laut)* Mein *Kleid?* Du hast mir doch noch gestern Abend versichert, dass Maria es fertig genäht hat *(entzieht ihr mit einem Ruck ihre Hände)*.

Mutter: *(zuckt zusammen)* Ich dachte doch auch…

Ingrid: *(ärgerlich)* Also ist es nicht fertig geworden? Hättet ihr mir das nicht gestern Abend sagen können? *(wütend gestikulierend)* Woher soll ich jetzt noch bis morgen früh ein Kleid bekommen?

Mutter: *(beschwichtigend)* Du hast mich falsch verstanden. Deine Schwester hat das Kleid fertig gemacht!

Ingrid: *(erstaunt)* Ja, was ist dann das Problem? Hat sie sich vernäht oder was?

Mutter: Nun… Das ist genau der Punkt! Es ist eben nicht genäht!

Ingrid: *(verständnislos)* Nicht genäht?

Mutter:	Maria musste für ihre Abschlussarbeit in diesem Jahr etwas zum Thema „Häkel-Chic" entwerfen, und da dachte sie, deine Hochzeit sei eine gute Gelegenheit ... *(Ingrid schlägt sich die Hände vor das Gesicht.)*
Ingrid:	*(aufstöhnend)* Das darf nicht wahr sein! Sie hat mir ein Hochzeitskleid *gehäkelt*!
Mutter:	*(zieht ein fürchterliches Häkelkleid aus einem Karton)* Ingrid, bitte! Sie wollte diesen Tag für dich doch nur unvergesslich machen! *(Ingrid schaut entsetzt auf das Kleid und schlägt wieder die Hände vor das Gesicht.)*
Ingrid:	*(verzweifelt)* Oh ja, diesen Tag werde ich nie vergessen!

Weißt du noch …?

**Rosenhochzeit
(10 Jahre)**

Sketchdauer: ca. 15 Minuten | **Personen:** eine Frau (Juliane), ein Mann (Roman), beide 35 – 40 J. | **Unerlässliche Requisiten:** Männerwintermantel, Frauenwinterjacke, zwei Sektgläser, eine kleine Flasche Sekt oder Champagner, ein kleines Geschenkpäckchen mit Schleife, eine Bank | **Zusätzliche Requisiten:** ein Schild mit der Aufschrift „Zum Röhrenden Hirschen", ein Pappvollmond, ein Tuch mit den Konturen oder dem Bild einer Kirche, ein alter Baumstumpf | **Ort:** romantische Allee | **Zeit:** spät am Abend | **Eingangsszene:** Der Mann und die Frau laufen nebeneinander die Straße entlang.

Roman:	*(maulend)* Jetzt sind wir aber schon eine ganze Weile unterwegs. Wohin gehen wir denn?
Juliane:	*(beschwingt)* Wart's nur ab! Du wirst schon sehen!
Roman:	Mm, na ja …
Juliane:	*(zum Himmel zeigend)* Schau doch nur mal! *Vollmond!* Liebling, weißt du noch? Wie damals!
Roman:	Wie wann? Vollmond? Ach so, deshalb ist es so hell hier mitten in der Nacht. Hab mich schon gewundert!
Juliane:	*(schnaufend)* Ach, Roman! Nun sei doch mal ein bisschen romantisch!
Roman:	*(Hände tief in den Manteltaschen vergraben, Schultern hochgezogen, Mantelkragen hochgeschlagen, missmutiger Gesichtsausdruck, offensichtlich frierend)* Wo sind wir überhaupt?
Juliane:	*(offene Jacke, beschwingt neben ihm herhüpfend)* Na, nun tu doch nicht so, als ob du das nicht weißt. Sieht doch alles noch genauso aus wie vor zehn Jahren. Schau mal, dort steht noch die alte Buche!
Roman:	*(in die angezeigte Richtung schauend)* Meinst du den alten, ausgebrannten Baumstumpf dort drüben?
Juliane:	Na ja, die arme Buche hat wohl etwas vom letzten Unwetter

	abbekommen, aber *im Prinzip* ist sie noch da!
Roman:	*(grummelnd)* Mm, *im Prinzip…*
Juliane:	*(aufgeregt)* Liebling, die kleine Kirche, sieh doch! Jetzt kann man kaum noch die runden Fenster erkennen. Schon damals war sie über und über mit Efeu bewachsen und wir haben uns wie in einem verwunschenen Märchen gefühlt. Weißt du noch?
Roman:	Kirche? Da fällt mir ein, seit der letzten Erhöhung der Kirchensteuer wollte ich eigentlich…
Juliane:	*(unterbricht ihn)* Ach, Roman, jetzt nicht! Schau mal, dort an der Ecke ist noch immer das Gasthaus „Zum Röhrenden Hirschen", in dem wir nach unserem Spaziergang Rehrücken und Klöße gegessen haben.
Roman:	Hm, zäh wie eine Schuhsohle und die Knödeldinger völlig matschig, soweit ich weiß…
Juliane:	*(seinen Einwand ignorierend)* Ich weiß noch, dass du am Tisch genau unter dem alten Hirschgeweih gesessen hast, das plötzlich vom Nagel rutschte und dir fast auf den Kopf gefallen wäre *(kichert bei ihrer Erinnerung)*. Fast wärst du zum Hirsch geworden!
Roman:	*(entrüstet)* Das ganze Restaurant hat sich damals über mich lustig gemacht. Und du hast nichts getan!
Juliane:	*(lachend)* Nein, war das komisch! Wo ist nur dein Sinn für Humor geblieben? Na ja, gehen wir weiter!
Roman:	Wohin gehen wir?
Juliane:	*(verschmitzt, mit gespitzten Lippen)* Nicht so un-ge-dul-dig! Abwarten!
Roman:	Sag wenigstens, ob es noch weit ist!
Juliane:	Nicht so ungeduldig, hab ich gesagt! Gib mir mal lieber deine Hand. Ich mag nicht so neben dir herlaufen, als ob wir uns gar nicht weiter kennen *(zieht seinen Arm aus der Manteltasche.)*
Roman:	*(etwas unwillig)* Mir ist kalt. *(gibt ihr die Hand und trottet neben ihr her)*
Juliane:	*(beschwichtigend)* Noch ein paar Meter und wir sind da.

Roman:	*(nörgelnd)* Wird auch langsam Zeit. Von wegen gemütlicher Feierabend! Ein halber Marathonlauf ist das! Und alles ohne Abendbrot!
Juliane:	So spät ist es ja auch noch nicht!
Roman:	Und „Tatort" verpasse ich wahrscheinlich auch.
Juliane:	*(ungeduldig)* Tatort kommt wieder, dieser Abend nicht!
Roman:	*(begriffsstutzig)* Wieso? Was ist denn heute …
Juliane:	*(ihn unterbrechend und plötzlich stehen bleibend)* So, da sind wir! *(Zeigt auf etwas in der Dunkelheit vor ihnen)*
Roman:	Sind wir wo? Was? Ich sehe nichts!
Juliane:	*(verschränkt die Arme vor der Brust)* Na, guck doch mal genau! Da vorne!
Roman:	*(schiebt den Kopf wie eine Schildkröte nach vorn in Richtung Publikum, kneift die Augen zusammen, um besser sehen zu können)* Was meinst du?
Juliane:	*(ungeduldig von einem Fuß auf den anderen trippelnd)* Roman! Auf der rechten Seite! Jetzt gib dir doch mal etwas Mühe!
Roman:	*(nimmt die Brille ab, putzt sie umständlich mit einem zerknitterten Taschentuch, das er aus seiner Manteltasche gezogen hat, setzt die Brille wieder auf)* Julchen! Ich gebe mir ja Mühe! Aber bei aller Liebe, was zum T…
Juliane:	*(mit weinerlicher Stimme)* Die *Bank! Unsere* Bank! Weiß! Rechts unter der Kastanie!! Sieht man doch ganz deutlich!
Roman:	*(überrascht)* Eine Bank? Ist dir schwindlig? Willst du dich einen Moment setzen? Ich hab's ja gesagt! Der lange Fußmarsch und alles ohne Abendbrot … *(zieht sie auf die Bank)*
Juliane:	*(mit hängenden Schultern, schleppenden Schritten und belegter Stimme)* Ich fass es nicht! Du hast es wirklich vergessen! Gar nichts weißt du mehr! Genau heute vor zehn Jahren hier auf der Bank… *(schnieft und schaut auf ihre Armbanduhr)* Sogar fast genau um diese Zeit. Ich fass es nicht! Du weißt es nicht mehr!
Roman:	*(gibt ihr sein Taschentuch)* Nun bleib mal einen Moment sitzen.

Juliane: *(strafft sich und trocknet sich die Tränen)* Lass mal, es geht schon wieder. Jetzt ist mir auch kalt. Lass uns zurück zum Auto gehen und schnell nach Hause fahren. Ich tau uns dann schnell in der Mikrowelle etwas zum Abendbrot auf, und wenn wir uns beeilen, verpasst du deinen „Tatort" auch nicht. – War ja auch nicht so wichtig!

(Roman plötzlich völlig verändert und schmunzelnd, zieht aus seinen Manteltaschen zwei Sektgläser, eine kleine Flasche Champagner und ein kleines Geschenkpäckchen hervor, öffnet die Flasche, gießt beiden ein und überreicht Juliane das Päckchen)

Juliane: *(völlig überrascht und stotternd)* Aber, Roman … wie …? Ich dachte …

Roman: *(grinst nur)* Ja?

Juliane: Also weißt du doch noch?

Roman: Natürlich weiß ich noch, dass ich dich genau hier vor zehn Jahren gefragt habe, ob du mich heiraten willst. Gar nichts habe ich vergessen! – Und jetzt gehen wir zur Feier des Tages in den „Röhrenden Hirschen". Dort habe ich nämlich vor einer Woche einen Tisch bestellt, zwar dieses Mal nicht unter dem Geweih, aber dafür mit Blick darauf!

Juliane: Also, Roman, wirklich! Einen klitzekleinen Moment habe ich wirklich geglaubt …

Roman: *(legt ihr den Zeigefinger auf die Lippen)* Pst! Manchmal musst eben auch du einmal abwarten! *(Hand in Hand gehen beide die Allee zurück.)*

Gedächtnislücken

Sketchdauer: ca. 10 Minuten | **Personen:** ein Ehepaar, um die 50 Jahre alt | **Mobiliar:** ein Sessel mit Leselampe, ein Tisch und ein Stuhl | **Requisiten:** ein Buch, ein Zeichenblock und Stifte | **Zeit:** Am Abend | **Ton:** leise Hintergrundmusik | **Eingangs-szene:** Die Frau sitzt am Tisch und ist ganz damit beschäftigt, ein Bild in einen Zeichenblock zu zeichnen. Ihr Mann sitzt etwas weiter entfernt gemütlich in einem Sessel und liest ein Buch.

Mann:	*(das Buch beiseite legend)* Morgen ist nun unser ganz besonderer Tag!
Frau:	*(ohne aufzusehen)* Mh.
Mann:	*(kommt zu ihr herüber, stellt sich hinter sie und legt seine Arme um ihren Hals)* 25 Jahre sind wir nun schon verheiratet und jeden Abend ist mir wieder, als ob ich dich zum ersten Mal sehe!
Frau:	Jetzt übertreibst du aber ein bisschen!
Mann:	*(kopfschüttelnd)* Nein, das tue ich nicht. Du bist sogar noch viel hübscher geworden im Laufe der Zeit!
Frau:	*(auflachend)* Und um ca. 2000 Falten reicher!
Mann:	*(ernst)* Die wenigen kleinen Fältchen hier und da verleihen deiner Persönlichkeit nur noch mehr Tiefe. Und dieser Glanz in deinen Haaren!
Frau:	*(sachlich)* Das muss von der neuen Tönung kommen: Silbergrau de luxe!
Mann:	Ich dachte, es sei Natur!
Frau:	Natur? Daniel, meine Haare waren früher kastanienfarben!
Mann:	Richtig. Aber was für eine Haarpracht du immer noch hast, Liebling! *(kämmt ihr sanft mit den Händen die Haare)*
Frau:	*(etwas spöttisch)* Hast du erwartet, dass mir vor lauter Kummer langsam die Haare ausgehen?

Mann: Ganz im Gegenteil: Du wirst sogar zu unserem 50. Hochzeitstag noch wie ein junges Mädchen aussehen!

Frau: Wenn wir diesen Tag noch gemeinsam erleben sollten, werde
ich bestimmt eine verrückte Alte sein, die dich den ganzen Tag
von ihrem Rollstuhl aus herumkommandiert.

Mann: *(lacht nett)* Das glaube ich kaum! Dein Gang ist der einer
Gazelle, mein Schatz *(ihren Nacken massierend)*. Abgesehen
davon würde ich dich jederzeit auf jede Art und Weise an jeden
beliebigen Ort bringen!

Frau: *(rollt wohlig seufzend die Schultern)* Auch ins Schwimmbad?

Mann: *(überrascht)* In welches Schwimmbad?

Frau: *(mit geschlossenen Augen)* Vielleicht in das Schwimmbad, in
dem du fast den gesamten letzten Sommer verbracht hast.

Mann: *(unsicher)* Es war doch aber wirklich unerträglich heiß.

Frau: Ja schon, aber du hast mich nie gefragt, ob ich mitkommen
will.

Mann: *(leicht vorwurfsvoll)* Wer sagt denn immer: *(ihre Stimme
nachahmend)* „Ich will nicht wie eine Sardine an der anderen
liegen!"?

Frau: So glücklich wie an diesen Abenden habe ich dich vorher
jedenfalls noch nie nach Hause kommen gesehen.

Mann: Die Abkühlung tat mir eben gut!

Frau: Und all die doppelten Bons, Kinokarten und Restaurant-
rechnungen…

Mann: *(hört auf zu massieren und erstarrt)*

Frau: *(belehrend)* Weißt du, vor dem Waschen leere ich immer alle
Hosentaschen, um nicht versehentlich einen Geldschein oder
ein anderes wichtiges Papier mitzuwaschen.

Mann: Verstehe.

Frau: Also?

Mann: Also was? *(massiert sie weiter, wobei die Bewegungen jetzt
hektischer sind)*

Frau: Was war das für eine Zettelwirtschaft?

Mann: *(unwirsch)* Aber Claudia! Ich kann mich doch heute nicht mehr daran erinnern, welche Rechnungen sich im Laufe des letzten Sommers aus welchen Gründen an welchen Tagen in meinen Taschen angesammelt haben!

Frau: Und was war mit den langen blonden Haaren auf deiner Kleidung?

Mann: Lange blonde Haare? Na, du weißt doch, wie viele Leute sich im Freibad auf dem Rasen wälzen!

Frau: *(langsam und mit Nachdruck)* Auf dem Rasen wälzen – so, so!

Mann: *(verstimmt, hört auf zu massieren und setzt sich wieder in seinen Sessel)* Ich weiß wirklich nicht, warum du jetzt mit diesen Geschichten anfängst. Wie soll ich mich denn noch an jedes Detail in diesem Sommer vor einem Jahr erinnern?

Frau: *(betont ruhig)* Sicher kannst du dich nicht mehr an jedes Detail in jener *(betont)* sommerlichen Hitze erinnern, aber bestimmt wird dir wieder Einiges einfallen. Ich habe Miriam nämlich morgen zu unserer Feier eingeladen, damit wir uns endlich einmal persönlich kennen lernen. Schließlich sind wir während der letzten 12 Monate schon fast gute Freundinnen am Telefon geworden.

Opas Geschenk

Sketchdauer: ca. 10 Minuten | **Personen:** Opa und Oma, ihre Tochter Margitta, deren Mann Robert und Enkelin Stefanie | **Mobiliar:** Couch, Sessel, Couchtisch | **Requisiten:** Kaffeegeschirr und Besteck, ein Kuchen auf einer Platte, Kekse, Servietten, ein Umschlag | **Zeit:** am Nachmittag | **Eingangsszene:** Opa und Oma sitzen auf der Couch, Margitta, Robert und Stefanie haben auf drei Stühlen Platz genommen. Alle essen Kuchen.

Margitta:	*(zu Opa und Oma)* Wenigstens einer kleinen Feier hättet ihr doch zustimmen können.
Oma:	*(mit einer Geste zu Opa)* Ja, wenn er doch aber nicht will!
Margitta:	Ein netter Restaurantbesuch bei dem neuen Franzosen um die Ecke…
Oma:	Hans mag keine Froschschenkel!
Margitta:	*(die Augen verdrehend)* Dann hätte er sich eben etwas anders bestellt!
Opa:	*(aufhorchend)* Was hast du gesagt?
Oma:	*(laut und nah an seinem Ohr)* Ich habe gesagt, dass du nicht gerne französisch isst!
Opa:	*(nickend)* Die schütten mir einfach überall zu viel Schnaps rein; nicht nur ins Hähnchen, sondern auch auf den Eierkuchen zum Nachtisch.
Oma:	*(zu Margitta)* Für deinen Vater ist Essengehen sowieso eher eine Geldverschwendung.
Margitta:	*(gekränkt)* Wir hätten ja auch ein paar nette Platten vom Feinkostgeschäft nebenan bestellen können.
Oma:	Da haben wir noch nie etwas gekauft. Hans sagt, die Preise seien einfach unverschämt und man könne dasselbe auch bei ALDI…
Margitta:	*(beleidigt, sie unterbrechend)* Es geht doch nicht darum, dass

	wir uns auf eure Kosten satt essen wollen!
Opa:	*(laut)* Worum geht es dann?
Oma:	*(einlenkend)* Hans, du hast wieder nicht richtig verstanden!
Opa:	*(leiser)* Ach so!
Oma:	*(Margittas Knie tätschelnd)* Macht euch mal keine Sorgen. Wir kommen schon klar morgen! Ihr braucht auch nicht anzurufen!
Margitta:	*(ärgerlich)* Ohne Essen und Gäste! Wie stillos! Und das zum 50. Hochzeitstag!!
Oma:	*(trotzig)* Wenn Hans eben nichts machen will.
Robert:	Er spart eben an allen Ecken und Enden.
Margitta:	*(bissig)* Als ob das jetzt noch nötig wäre! *(leiser zu Oma)* Seit zwei Jahren ist er wirklich knauserig. Früher hat er uns ja öfter mal etwas zugesteckt, aber seitdem wir das Haus fertig gebaut haben und den neuen Bauernhof mit den Pferdeställen restauriert …
Robert:	*(sie unterbrechend)* Ach Margitta, lass jetzt. Seine Enkelin wird es ihm eines Tages danken!
Opa:	*(plötzlich interessiert)* Welche Enkelin?
Oma:	*(freundlich und laut in seine Richtung)* Na, deine Enkelin Stefanie! *(deutet in Richtung auf das Kind, das gelangweilt am Tisch sitzt und in der Nase bohrt)*
Opa:	*(mit zusammengekniffenen Augen in die Richtung schauend)* Die sehe ich heute zum ersten Mal!
Margitta:	*(schmollend)* Sie war schon zweimal hier!
Oma:	*(freundlich zu Opa)* Um ihre neuen Sparbücher abzuholen, weißt du nicht mehr, Hans?
Opa:	*(unruhig)* Wer hat neue Sparbücher?
Oma:	*(beruhigend)* Ist schon gut, Hans. Gar keiner!
Stefanie:	Du, Mami?
Margitta:	Ja, mein Schatz?
Stefanie:	Was schenken wir denn Opa und Oma zur Goldenen Hochzeit?

Margitta:	*(peinlich berührt)* Na ja, eigentlich … nun …
Robert:	*(ihr zur Hilfe eilend, belehrend)* Unser Geschenk ist, dass wir sie besuchen kommen. Darüber freuen sich Oma und Opa viel mehr als über irgendwelche Sachen, die sie sowieso nicht mehr gebrauchen können.
Stefanie:	*(enttäuscht)* Ach so!
Margitta:	*(seufzend auf ihre Uhr schauend)* So, dann wollen wir uns mal auf die Reise machen! *(steht auf)*
Opa:	*(hellhörig)* Ihr kommt aber nicht mit!
Robert:	*(verblüfft)* Wie bitte?
Oma:	*(beruhigend)* Hans, du hast wieder falsch verstanden! Margitta und Robert wollen jetzt nach Hause fahren.
Opa:	*(brummig)* Ach so. Ich dachte schon, die wollen auch mit.
Margitta:	*(nachforschend)* Mit wohin?
Oma:	*(nervös)* Nirgendwohin, Kind, nirgendwohin! Macht euch jetzt mal auf den Weg, sonst kommt ihr noch in den Nachmittagsstau.
Margitta:	*(argwöhnisch und mit lauter Stimme zu ihrem Vater, wobei sie die Hände wie einen Trichter vor den Mund hält)* Wo wolltest du denn hinfahren?
Opa:	*(kichert)* Die Idee ist mir vor zwei Jahren gekommen!
Margitta:	*(kühl)* Welche Idee?
Oma:	*(sie nervös am Ärmel zupfend)* Nur eine dumme Idee, Kindchen, hör nicht auf ihn!
Opa:	*(entrüstet)* Eine dumme Idee, sagst du? Gestern hast du vor lauter Freude Tränen vergossen und anschließend ein Tänzchen um diesen Tisch hier *(Geste mit dem Zeigefinger)* aufgeführt, als ich dir erzählte, dass ich zwei Jahre lang für diese Kreuzfahrt zu unserem 50. Hochzeitstag gespart habe. Morgen um 10 Uhr geht's los!

Auf die alten Tage

Sketchdauer: ca. 7 Minuten | **Personen:** Ein altes Ehepaar (Paula und Emil, ca. 80 J.) | **Mobiliar:** Tisch und zwei Stühle | **Kostüme / Requisiten:** Trainingsanzug für Emil, Brille, Illustrierte und Stift für Paula, eine Sporttasche, zwei Hanteln und Expander, Musikanlage | **Ton:** schnelle Unterhaltungsmusik | **Eingangsszene:** Paula sitzt am Tisch. Sie trägt eine Brille mit dicken Gläsern. Vor ihr liegt ein Kreuzworträtsel, in der Hand hält sie einen Stift, an dem sie hin und wieder kaut. Emil schreitet wie ein Storch vor ihr auf und ab und lässt dabei die Hände locker mitschwingen.

Paula: (*ruhig und langsam, ohne aufzusehen*) Ein anderes Wort für ungeteilt, heil?

Emil: (*schnell*) ganz!

Paula: (*nickend und notierend*) Hm. Und das Wort für eine italienische Reisspeise?

Emil: Risotto!

Paula: (*schaut kurz überrascht auf, notiert*) Stimmt! Opernlied?

Emil: Arie!

Paula: (*ihn prüfend ansehend und schneller*) Fluss durch Florenz?

Emil: (*auch schneller*) Arno!

Paula: (*noch schneller*) Monat mit drei Buchstaben?

Emil: (*wie aus der Pistole geschossen und schneller hin- und herlaufend*) Mai!

Paula: Niederschlag mit …

Emil: (*immer schneller vor ihr hin- und herschreitend und sie voreilig unterbrechend*) Regen!!

Paula: (*aufsehend*) Falsch! Sechs Buchstaben! Du bist aber wirklich in Form heute Morgen! Was läufst du denn die ganze Zeit hin und her?

Emil: (*korrigierend*) Muss der Schnee sein!

Paula: *(sich erstaunt nach hinten / zum Fenster wendend)* Es schneit doch gar nicht!

Emil: Ich meine doch das gesuchte Wort!

Paula: Ach so! *(notiert das Wort in ihr Rätsel und legt das Heft aus der Hand)* Was ist denn los mit dir heute?

Emil: Das muss an den Pillen liegen!

Paula: Was denn für Pillen?

Emil: Ich habe dem Doktor gestern gesagt, dass ich mich in letzter Zeit so schlapp fühle, und da hat er mir so kleine weiße Dinger verschrieben, die ich dreimal täglich nehmen soll.

Paula: *(skeptisch)* Und deshalb kannst du so gut Kreuzworträtsel lösen und läufst umher wie ein Tiger in seinem Käfig?

Emil: *(stolz nickend)* Wie ein Tiger! Ich fühle so eine neue Energie auf meine alten Tage!! Wie vor 50 Jahren! *(macht ein paar Kniebeugen)*

Paula: *(kopfschüttelnd)* Hoffentlich sind das keine Nebenwirkungen von den Pillen!

Emil: *(abwinkend)* Unsinn! Das fing gleich nach der ersten Einnahme beim Doktor an. Anschließend war ich noch schnell bei Tschibo…

Paula: *(sehr erstaunt)* Bei Tschibo?

Emil: *(aufgeregt)* Ja! Dort hatten sie ein Angebot an Sportgeräten…

Paula: *(noch erstaunter)* Sportgeräte?

Emil: Warte! Ich zeige sie dir! *(guckt sich im Zimmer um.)* Hast du die blaue Sporttasche gesehen, mit der ich gestern kam?

Paula: *(verwundert)* Blaue Sporttasche?

Emil: Ja, die gab es gratis zu den Hanteln und dem Expander. *(mit einem Aufschrei)* Ha! Da ist sie ja. *(holt die Tasche aus einer Ecke und packt die Geräte vor den erstaunten Augen seiner Frau aus)* Na, was sagst du? *(legt sich auf den Boden und fängt an, Übungen zu machen)* Eins, zwei, eins, zwei…

Paula: *(steht auf und kniet sich neben ihn, eindringlich)* Emil?

Emil: *(ohne aufzuhören, lachend)* Ja, ja! Du denkst sicher, ich sei verrückt geworden!

Paula: *(beharrlich)* Emil!!

Emil: Lass mich doch! Eins, zwei, eins, zwei…

Paula: Emil!!! Gib mir sofort auch ein paar von diesen kleinen Pillen!

Emma und Egon

Hochzeitstag
im hohen Alter **Sketchdauer:** ca. 5 Minuten | **Personen:** Dr. Meißner, Frau Rührig | **Kostüme / Requisiten:** zwei Telefone, Stethoskop und weißer Arztkittel | **Ton:** Telefonklingeln | **Eingangsszene:** Die Bühne ist zweigeteilt. Auf der einen Seite befindet sich ein Zimmer, in dem Frau Rührig sichtlich besorgt auf- und abläuft und immer wieder auf das Telefon schaut. Schließlich nimmt sie den Hörer ab und wählt eine Nummer. Auf der anderen Seite der Bühne sieht man, wie Dr. Meißner zum klingelnden Telefon geht und das Gespräch entgegennimmt.

Dr. Meißner:	Meißner!
Frau Rührig:	*(erleichtert)* Ach, wie gut, dass Sie da sind, Herr Doktor! Hier spricht Frau Rührig.
Dr. Meißner:	*(besorgt)* Frau Rührig? Wir haben doch erst gestern miteinander gesprochen.
Frau Rührig:	*(niedergeschlagen)* Entschuldigen Sie bitte, dass ich heute schon wieder anrufe, aber ich wollte mich doch noch einmal schnell nach Egon erkundigen.
Dr. Meißner:	*(freundlich)* Keine Sorge! Egon konnte heute die Krankenstation verlassen und befindet sich auf dem Weg der Besserung.
Frau Rührig:	*(aufgeregt)* Kann er denn schon nach Hause?
Dr. Meißner:	Nein, so schnell geht das nicht! Ein paar Tage muss er noch bei uns zur Beobachtung bleiben. Ein Beinbruch in seinem hohen Alter ist eine ernst zu nehmende Sache!
Frau Rührig:	*(beunruhigt)* Wie lange wird es denn noch dauern, Herr Doktor? Emma wird mit jedem Tag unruhiger! Sie sollten sie sehen! Ganz zerrupft sieht sie aus, nimmt kaum etwas zu sich und scheint keine rechte Lebensfreude mehr zu haben. Egon fehlt ihr so sehr!
Dr. Meißner:	*(beruhigend)* Das ist doch verständlich! Sagten Sie nicht, dass die beiden fast ihr ganzes Leben miteinander verbracht haben?

Frau Rührig:	*(weinerlich)* Ja! Emma und Egon sind einfach unzertrennlich! Überallhin folgte er ihr und nur an besonders schlimmen Regentagen sah man Emma allein draußen – Egon hasst nämlich den Regen, müssen Sie wissen!
Dr. Meißner:	*(schmunzelnd und beruhigend)* Bald werden die beiden ja wieder gemeinsam um ihr Häuschen ziehen können, das verspreche ich Ihnen. Haben Sie nur noch etwas Geduld!
Frau Rührig:	Wird er denn nach dem Unfall jemals wieder in der Lage sein, richtig zu laufen?
Dr. Meißner:	*(zögernd)* Na ja… in Zukunft wird er wohl ein bisschen hinken…
Frau Rührig:	*(seufzend)* Oh Gott!
Dr. Meißner:	*(sie schnell beruhigend)* Es hätte schlimmer kommen können! An das Hinken gewöhnt sich Egon sicherlich mit der Zeit, und das wird die beiden nicht davon abhalten, trotzdem noch einen schönen gemeinsamen Lebensabend zu verbringen!
Frau Rührig:	*(erleichtert)* Ich bin ja so froh, dass Sie das sagen, Herr Doktor!
Dr. Meißner:	*(ernst)* Nur eine Sache möchte ich Ihnen unbedingt noch ans Herz legen, Frau Rührig!
Frau Rührig:	*(erstaunt)* Ja?
Dr. Meißner:	*(streng)* Verbieten Sie Ihrem Sohn ab sofort das Traktorfahren im Hühnerstall, denn von einem zweiten Unfall würde sich Egons zartes Hühnerbein sicherlich nicht noch einmal erholen!

Geburtstag

Meistens werden nur runde Geburtstage groß gefeiert. Und auch von diesen feiert man manche nicht, weil man das Älterwerden ab einem gewissen Zeitpunkt eher als Bedrohung denn als Grund zum Feiern betrachtet. Im hohen Alter überwiegt dann oftmals wieder eine beinahe kindliche Lebensfreude, die lediglich durch die übertriebene Sorge oder die Kleinlichkeit von Familienangehörigen getrübt wird. Gelegenheit für reichlich Selbstironie.

Paulchens Auftritt

Der allererste
Geburtstag

Sketchdauer: ca. 3 Minuten | **Personen:** Ehepaar und Kleinkind | **Mobiliar:** Tür (alte ausgehängte Tür oder Attrappe), Couch und Fernseher | **Kostüme / Requisiten:** Jogginganzüge und Pantoffeln, kleine Schüsselchen mit Erdnüssen und Chips, Nagelfeile | **Ton:** Fernsehgeräusche im Hintergrund oder Musik | **Zeit:** am Abend | **Eingangsszene:** Ein junges Ehepaar sitzt in bequemen Jogginganzügen auf der Wohnzimmercouch vor dem laufenden Fernseher. Schälchen mit Erdnüssen und Chips stehen auf dem Couchtisch. Sie hockt mit angezogenen Beinen in einer Ecke der Couch, schaut hin und wieder gelangweilt auf den Bildschirm und feilt sich die Nägel. Ihre Haare sind nachlässig in einen unordentlichen Pferdeschwanz gebunden. Er, ungekämmt, hat sich mit breiten Beinen auf die Couch gefläzt, schaut unverwandt auf den Bildschirm und bedient sich in regelmäßigen Abständen aus den Schälchen mit Erdnüssen und Chips, die er schmatzend kaut.

Sie:	Detlev?
Er:	Mh?
Sie:	Detlev, ich glaube heute…
Er:	Pst, jetzt nicht!
Sie:	Doch, ich bin mir sicher…
Er:	Pst!!
Sie:	Heute ist doch der 3. April, oder?
Er:	*(desinteressiert)* Mm, glaub' schon.
Sie:	*(hält inne mit dem Nägelfeilen, überlegt einen Moment und schaut sich dabei ihre rechte manikürte Hand an)* Ja – heute wird er ein Jahr!
Er:	Was sagst du?
Sie:	*(triumphierend)* Heute wird er ein Jahr!!
Er:	Wer?

Sie: Na unser Paulchen!

Er: Paulchen?

Sie: Unser Sohn Paul!

Er: Paul! Ach so.

Sie: *(legt verträumt und leicht lächelnd den Kopf in die Hand)* Ein ganzes Jahr schon ... Wie die Zeit vergeht!

Er: Ja, die Zeit vergeht schnell ... Wo ist er denn?

Sie: *(aus ihren Gedanken gerissen, schaut ihn an)* Hm? Wo ist wer?

Er: Na unser Paulchen!

Sie: Paulchen?

Er: Unser Sohn Paul!

Sie: *(entspannt)* Ach so. Na in seinem Bettchen, denke ich mal. *(fängt an, an einem Finger der linken Hand zu feilen)*

Er: Ja klar, wo sonst. *(lehnt sich nach vorne und nimmt sich eine neue Hand Erdnüsse aus dem Schälchen. Plötzlich geht die Tür mit einem Ruck auf und Paulchen kommt strahlend auf etwas wackeligen Beinen ins Wohnzimmer herein.)*

Paulchen: Mami! Papi! Guckt mal, ich kann laufen!!! *(Sie lässt die Nagelfeile fallen, ihm fallen die Erdnüsse aus dem offen stehenden Mund.)*

Ab Montag wird alles anders!

Sketchdauer: ca. 3 Minuten | **Personen:** Leon und seine Mutter | **Mobiliar:** Tisch und zwei Stühle | **Requisiten:** Volkshochschulheft und Stift | **Eingangsszene:** Mutter und Sohn sitzen sich am Tisch gegenüber. Der Sohn sitzt mit vor der Brust verschränkten Armen in Abwehrhaltung vor seiner Mutter. Auf dem Tisch liegen Heft und Stift.

Leon: *(verärgert)* Ab nächste Woche lass ich mir nichts mehr vorschreiben!

Mutter: *(blättert in dem Heft)* Mm.

Leon: Dann komme ich so spät nach Hause, wie es mir passt!

Mutter: *(blättert weiter)* Mm.

Leon: Mit 18 kann ich endlich meine eigenen Entscheidungen treffen!

Mutter: Sicher!

Leon: Und wenn ich nachts jobben will, dann werde ich auch das tun! Ich kann schließlich selbst beurteilen, wie viel Schlaf ich brauche!

Mutter: *(blättert weiter)* Mm.

Leon: *(stützt jetzt die Hände auf der Tischplatte auf und kommt näher an die Mutter heran)* Mit 18 lass ich mich nicht mehr so bevormunden!

Mutter: *(gelassen)* Nein, nein.

Leon: *(nachdrücklich)* Ich meine das ernst!

Mutter: *(ruhig)* Sicher.

Leon: *(provozierend)* Ich kann dann auch alle Verträge allein unterschreiben.

Mutter: Mm.

Leon: *(noch provozierender)* Eigentlich könnte ich auch bald ausziehen und mir eine eigene Wohnung mieten.

Mutter: *(gelassen)* Ja.

Leon: Dann kannst du mir auch nicht mehr vorwerfen, dass du seit

Jahren nur für mich so viel arbeitest!

Mutter: *(nimmt den Stift und umkreist etwas in ihrem Heft)* Gut.

Leon: *(verärgert)* Ich glaube, du hörst mir gar nicht zu! Was tust du überhaupt die ganze Zeit? *(zeigt auf das Heft)*

Mutter: *(schlägt schwungvoll das Heft zu, beugt sich nah an sein Gesicht heran und schaut ihm in die Augen)* Ich habe mir schon einmal ein paar interessante Volkshochschulkurse herausgesucht. Ab nächste Woche arbeite ich nämlich nicht mehr. Du wirst ja am Montag volljährig, kannst dann alle Arbeitsverträge selbst unterschreiben, nachts jobben und dadurch für uns beide sorgen!

Die fehlende Dekade

Sketchdauer: ca. 5 – 7 Minuten | **Personen:** das Geburtstagskind Marita und ihr Mann Rolf | **Mobiliar:** eine Couch, ein Couchtisch | **Requisiten:** ausgepackte Päckchen, Geschenkpapier, Bänder und Schleifen, Kosmetiktöpfchen, Tuben o. Ä., zwei Bücher | **Eingangsszene:** Rolf und Marita sitzen auf der Couch. Rolf blättert in einem Buch, Marita sitzt mit zusammengepressten Lippen und verschränkten Armen in einer Ecke der Couch und starrt vor sich hin.

Marita:	*(mit unterdrückter Wut)* Ich kann es einfach nicht fassen!
Rolf:	*(nebenbei)* Mm?
Marita:	Die Geschenke meiner Arbeitskolleginnen!
Rolf:	*(aufblickend)* Was ist denn damit? Haben sie dir nicht gefallen? *(zeigt auf den Tisch mit den Päckchen)* Kosmetikartikel, Bücher… – alles Sachen, die du doch magst!
Marita:	Im Allgemeinen schon, aber schau dir doch einmal alles genau an!
Rolf:	Sie haben es sicher nur gut gemeint. So lange arbeitest du doch noch nicht in dieser Abteilung und da konnten deine Kolleginnen deine Vorlieben für bestimmte Autoren und Marken noch nicht kennen!
Marita:	*(ungeduldig)* Marken und Autoren! Darum geht es doch überhaupt nicht!
Rolf:	*(überrascht)* Meinst du, sie haben nicht genug Geld investiert? *(nimmt ein Cremetöpfchen in die Hand und zeigt auf ein dickes Buch)* Die Sachen sehen aber nicht gerade billig aus!
Marita:	*(genervt)* Um Geld geht es hier nicht!
Rolf:	*(verwundert)* Worüber regst du dich denn dann so auf?
Marita:	Lies doch selbst, was überall draufsteht! *(zeigt auf eine Creme)*
Rolf:	*(nimmt die Creme und liest vor)* Strahlend frisches Aussehen für die gestresste Haut ab 40!

Marita: *(deutet auf eine Flasche)* Weiter!

Rolf: *(nimmt die Flasche in die Hand und liest vor)* Gesichtstonic für die reife Haut ab 40!

Marita: *(triumphierend)* Nimm das! *(reicht ihm eine Dose)*

Rolf: *(liest vor)* Revitalisierungskapseln für ein schönes Aussehen ab 40!

Marita: *(nimmt ihm die Dose weg und drückt ihm zwei Bücher in die Hand)* Und hier!

Rolf: *(liest die Titel vor)* „Mit 40 fängt das Leben erst an!" – und – „Die neuen 40-Jährigen – Job und Karriere"

Marita: *(lässt sich in die Couch zurückfallen)* Ist das nicht eine Frechheit?!

Rolf: *(schmunzelnd)* Du bist aber streng!

Marita: *(auffahrend)* Streng?

Rolf: *(versöhnlich)* Deine Kolleginnen haben es sicher nicht böse gemeint und wollten dir nur ein paar gute Pflegeprodukte schenken. Und durch die Wahl der Buchtitel wollten sie dir sicher zeigen, wie aktiv du noch auf sie wirkst!

Marita: *(schneidend)* Noch?

Rolf: Immer noch! Sei nicht so empfindlich!

Marita: Dir ist die kleine magische Zahl auf jedem Geschenk also gar nicht erst aufgefallen?

Rolf: Meinst du die 40?

Marita: *(verärgert)* Ja!

Rolf: *(verständnislos)* Ja und?

Marita: *(empört)* Ja und? Heute ist mein 30. und nicht mein 40. Geburtstag!

In den besten Jahren

Sketchdauer: ca. 3 Minuten | **Personen:** Johannes und sein Freund Matthias | **Mobiliar:** ein Tisch und zwei Stühle | **Requisiten:** zwei gefüllte Gläser | **Eingangsszene:** Die beiden Freunde sitzen sich am Tisch gegenüber. Johannes macht einen deprimierten Eindruck.

Matthias: Ich weiß gar nicht, warum du so ein Gesicht machst!

Johannes: *(nimmt einen Schluck aus seinem Glas)* Morgen ist mein 40. Geburtstag!

Matthias: *(zuckt mit den Schultern)* Na und? Freu dich doch darüber!

Johannes: *(kopfschüttelnd)* Das verstehst du nicht!

Matthias: Du bist in den besten Jahren! Warum bist du so deprimiert?

Johannes: Ich ziehe eben Bilanz.

Matthias: Du kannst doch auf eine gute Bilanz zurückblicken!

Johannes: *(seufzend)* Das sagst du!

Matthias: *(energisch)* Moment mal! *(zählt an den Fingern ab)* Du hast eine nette, temperamentvolle Frau aus Buenos Aires und drei gesunde Kinder. *(Johannes stöhnt auf. Matthias fährt fort)* Du hast einen festen und interessanten Arbeitsplatz, bist gerade befördert worden und hast trotzdem noch genug Zeit für dein Hobby Tennis. *(Johannes stöhnt noch lauter auf. Matthias fährt fort)* Ihr habt ein kleines Häuschen im Grünen, du fährst einen tollen Wagen und jedes Jahr verreist ihr nach Südamerika. *(verärgert)* Worüber beklagst du dich eigentlich?

Johannes: *(nimmt noch einen Schluck)* Du weißt ja nicht, wovon du sprichst!

Matthias: *(irritiert)* Was meinst du?

Johannes: *(seufzend)* Dann pass mal auf! *(zählt an den Fingern ab)* Der Privatdetektiv, den ich beauftragt habe, hat herausgefunden, dass mich meine nette, temperamentvolle Frau seit Jahren betrügt. Meine 16-jährige Tochter ist schwanger und die

Zwillinge schwänzen seit Monaten die Schule. Befördert worden bin ich nur, weil mich meine Abteilung endlich loswerden wollte. Im Übrigen sollen in unserer Firma demnächst 1000 Arbeitsplätze abgebaut werden. Mein Arzt sagte mir gestern, dass meine Schmerzen im Arm auf einen Tennisellenbogen zurückzuführen sind… *(seufzt auf und nimmt einen neuen Schluck und zählt weiter an den Fingern ab)* Die Eigentümerurkunde für das Häuschen im Grünen lautet auf meine Frau, die gestern übrigens unseren Wagen zu Schrott gefahren hat. Und nach Südamerika verreisen wir nur deshalb jedes Jahr, um Rosalias Familie mit meinem Geld eine Stadtvilla im Tudorstil aufzubauen! Nennst du das eine gute Bilanz am Vorabend eines 40. Geburtstages?

Der Große Runde

Sketchdauer: ca. 10 Minuten | **Personen:** Der vermeintliche Herr Horn, Hilde die Wilde vom Spurtkanal und ihr Team | **Requisiten:** Videokamera mit Mikrophon, großer Puderpinsel und Puderdose, Taschentücher und Lampe, ein Stuhl und ein Tisch | **Ton:** Klingeln | **Eingangsszene:** Es klingelt und Herr Horn öffnet die Tür. In Windeseile ist eine vollkommen überdrehte Frau durch die Tür gesaust, gefolgt von sechs weiteren Personen, die eine Videokamera mit angeschlossenem Mikrophon, eine Lampe und zwei Kosmetiktaschen tragen. Herr Horn ist äußerst erstaunt.

Hilde:	Hallo und guten Tag, mein lieber Herr Horn! *(zu ihrem Team)* Ausschwärmen! Alles aufbauen und anschließen, Maske fertig machen! *(Die anderen laufen durch den Raum, suchen nach Steckdosen und breiten Kosmetika auf dem Tisch aus.)*
Herr Horn:	*(überrascht)* Was soll denn das? Wer sind Sie?
Hilde:	*(ihm die Hand entgegenstreckend)* Hilde die Wilde vom Spurtkanal! Wir machen eine Sendung zum Thema „Der große Runde" und haben Sie für unsere erste Folge gewählt. *(Herr Horn schaut verwundert. Hilde lachend)* Aber mein lieber Herr Horn! Sie abonnieren doch seit einem Jahr unsere Programmzeitschrift und dadurch haben wir natürlich auch Ihr Geburtsdatum! *(begeistert)* Und heute ist Ihr großer Runder!!
Herr Horn:	Wie bitte?
Hilde:	Ich meine Ihren 50. Geburtstag! Ihr großer, runder Geburtstag! *(winkt zwei Personen aus ihrem Team heran)* Maske und Licht! *(Der eine bestäubt den verwirrten Herrn Horn mit Puder, der andere hält ihm eine helle Lampe vor die Augen.)* *(Hilde nach hinten)* Wo bleibt die Kamera? *(Jemand kommt mit der Kamera, hält Herrn Horn das Mikrophon vor den Mund und filmt.)*

Hilde: Wie fühlen Sie sich denn so an Ihrem Ehrentag? *(lächelnd in die Kamera)* Ein Mann in den besten Jahren! Nicht älter als 45, würde man meinen! Haben Sie besondere Pläne für Ihren Ehrentag? Haben Sie ein paar Gäste heute Abend eingeladen oder ein besonderes Essen nur mit Ihrer Frau zur Feier des Tages geplant? *(Herr Horn starrt sie nur an. Hilde zu den beiden Helfern)* Kamera stopp! Mehr Puder. Er schwitzt! *(Stirn und Wangen des verdutzten Herrn Horn werden hektisch mit einem Taschentuch abgetupft und wieder mit Puder bestäubt.)* Kamera ab! *(strahlt wieder in die Kamera)* Die 50 ist ja eine ganz besondere Zahl! Unseren Spurtkanal gibt es heute genau 50 Monate und unser Ehrengast Herr Horn feiert heute seinen 50. Geburtstag! Ist das nicht ein Zufall! *(zu Herrn Horn)* Sicher haben Sie sich viel für Ihr kommendes Lebensjahr vorgenommen, nicht wahr? *(lachend)* Aber ein bis zwei Stündchen Zeit für unser schönes Programm nehmen Sie sich doch auch weiterhin, nicht wahr? *(Herr Horn schweigt und starrt sie nur weiter an. Hilde räuspert sich, mit gezwungenem Lächeln)* Wir vom Spurtkanal danken Ihnen jedenfalls für Ihren Beitrag zu unserer ersten Folge von „Der Große Runde" und wünschen Ihnen noch einen ganz wundervollen Geburtstag. *(wendet sich nach hinten)* Kamera stopp. Alles einpacken und abbauen! *(Das Team packt die Sachen zusammen. Hilde hört plötzlich auf zu lächeln und wendet sich etwas verärgert Herrn Horn zu.)* Also wenigstens ein paar Worte hätten Sie ja sagen können, Herr Horn!

Herr Horn: Ich bin nicht Herr Horn! Herr Horn ist zu seinem 50. Geburtstag nach Venedig geflogen. Ich bin sein Nachbar und nur kurz herübergekommen, um die Katze zu füttern.

Pas de deux

Der 80. Geburtstag **Sketchdauer:** ca. 10 Minuten | **Personen:** das Geburtstagskind Frieda (80 J.), ihr Mann Willy (80 J.), ihre Tochter Karla, deren Mann Ulrich (beide im mittleren Alter), die Enkelkinder Susi und Jochen (ca. 8 – 12 J.) | **Mobiliar:** Esstisch und sechs Stühle | **Requisiten:** eine angezündete Kerze mit Untersetzer, rote Blumen in einer Vase, ein Schlafanzug, eine Rheumadecke, Pantoffeln, eine Flasche Klosterfrau oder Biovital, Diabetiker-pralinen | **Eingangsszene:** Die Familie sitzt am Tisch. Auf dem Tisch sieht man eine Vase mit Blumen, das angezündete Lebenslicht für Frieda und die schon ausgepackten Geschenke. Links neben Frieda sitzt Willy, zu ihrer Rechten Karla.

Frieda:	*(lächelnd)* Was habt ihr euch nur für Mühe gemacht!
Willy:	Die Blumen riechen sogar! Das tun heutzutage nicht mehr alle Blumen!
Karla:	*(eifrig)* Susi hat sie heute Morgen extra für Oma im Garten gepflückt, *(zu Susi)* nicht wahr, Schatz?
Susi:	Rot ist ja auch Omas Lieblingsfarbe!
Willy:	*(kichernd)* Die Farbe der Liebe!
Frieda:	*(ihn in die Seite stoßend)* Willy!
Karla:	Und die Farbe des Schlafanzugs gefällt dir?
Frieda:	Mausgrau! Sehe ich denn schon so klein und grau aus?
Karla:	*(betreten)* Nein, natürlich nicht! *(nimmt den Schlafanzug in die Hand und zeigt auf das Etikett)* Eine gute Qualität übrigens!
Frieda:	*(nickend)* Genauso wie die Pantoffeln!
Ulrich:	In diesen Pantoffeln kannst du in deiner Wohnung herum-laufen, ohne auszurutschen. *(nimmt die Pantoffeln in die Hände)* Sieh mal, Sohlen mit Noppen! Extra für ältere Leute!
Frieda:	*(nickend)* Prima! Damit die älteren Leute nicht ausrutschen!
Ulrich:	In deinem Alter musst du schon ein bisschen aufpassen. Ein kleiner Sturz *(klatscht die Hände zusammen)* und zack:

Oberschenkelhalsbruch!

Willy: *(klatscht ebenfalls die Hände zusammen)* Zack: Oberschenkelhalsbruch!

Frieda: *(ihn wieder in die Seite stoßend und ermahnend)* Willy! *(Willy kichert.)*

Karla: Ulrich denkt gleich wieder an Katastrophen! *(nimmt die Rheumadecke in die Hände)* Diese Decke ist übrigens nicht nur für nachts, sondern du kannst es dir damit auch abends vor dem Fernseher gemütlich machen.

Jochen: Oma guckt doch nie fern.

Susi: Sie sagt, Fernsehen macht die Menschen träge.

Ulrich: *(streng)* Das hat Oma nur gesagt, damit ihr nicht so viel fernseht! In Omas Alter darf man ein bisschen träge sein und die müden Knochen ausruhen lassen!

Frieda: Meine Knochen sind eigentlich noch ganz gut beieinander und Rheuma habe ich auch nicht!

Ulrich: *(mit erhobenem Zeigefinger)* Das kann sich aber ganz schnell ändern ...

Karla: *(unterbrechend)* ... und dann bist du froh, dass du eine schöne Rheumadecke hast!

Willy: *(nimmt die Flasche Biovital oder Klosterfrau in die Hand)* Wollen wir jetzt nicht erst einmal alle ein Schlückchen von eurem Likör trinken?

Karla: Aber Vater! Das ist doch kein Likör, sondern etwas fürs Herz.

Willy: *(stellt die Flasche schnell wieder auf den Tisch zurück, enttäuscht)* Ach so!

Ulrich: *(belehrend)* In eurem Alter sollte man überhaupt keinen Alkohol mehr trinken.

Willy: Darf ich denn dann wenigstens eine von Friedas Pralinen probieren?

Karla: *(nach der Packung greifend)* Wenn Oma nichts dagegen hat, ihre Diabetikerpralinen mit dir zu teilen!

Frieda: Diabetikerpralinen?

Willy:	Aber wir sind doch gar keine Diabetiker!
Ulrich:	*(belehrend)* Altersdiabetes ist in unserer Kultur eine sehr verbreitete Krankheit, die ganz plötzlich…
Karla:	*(ihn unterbrechend)* Die schmecken genauso gut wie andere Pralinen. Sie sind eben nur ohne Zucker!
Willy:	Aber wir essen doch sonst auch…
Frieda:	*(ihn unterbrechend)* Lass mal, Willy! Die beiden haben es doch nur gut gemeint! *(zu Karla, Ulrich und den Kindern)* Ich danke euch jedenfalls ganz herzlich! Es ist ja der Gedanke, der zählt, und nicht so sehr das Geschenk an sich!
Karla:	*(etwas verletzt)* Wenn dir etwas nicht gefällt, kann ich es auch umtauschen…
Willy:	*(sie eifrig unterbrechend)* Lass mal. Du brauchst dir keine Mühe zu machen. Letztes Jahr haben wir alles selbst umgetauscht und uns von dem Gutschein die Stereoanlage gekauft. Man kann sich das Geld aber auch auszahlen lassen. Dann könnten wir uns nämlich für den fortgeschrittenen Senioren-Tangokurs anmelden.

Die Firma

Jubiläum,
Verabschiedung,
Beförderung

Die Firma, der Arbeitsplatz: ein Biotop
mit eigenen Ritualen und Regeln. Feiern
sind dazu gedacht, den Teamgeist und das
Zusammengehörigkeitsgefühl zu fördern.
Oftmals herrscht jedoch eine eher verkrampfte Atmosphäre, Hierarchien und
schwelende zwischenmenschliche Kon-
flikte sind in Form drohender Fettnäpfchen
allgegenwärtig. Grund genug, das ganze
einmal mit einem Sketch auf die Schippe
zu nehmen und aufzulockern.

Fit wie ein Turnschuh

Jubiläum **Sketchdauer:** ca. 3 Minuten | **Personen:** Chef, der Jubilar (Herr Wagner), seine Kollegen Herr Preuß und Herr Weingärtner, die Kolleginnen Frau Siebert und Frau Bach | **Requisiten:** gefüllte Sektgläser | **Eingangsszene:** Alle haben sich mit gefüllten Sektgläsern versammelt. Der Chef erhebt sein Glas in Richtung des Jubilars.

Chef:	Lieber Herr Wagner! Heute ist es auf den Tag genau 25 Jahre her, dass Sie in der Werbeabteilung unserer Firma AlterNO angefangen haben! In diesen 25 Jahren haben Sie beständig gute Arbeit geleistet und durch Ihre Kreativität unserer Firma zu größter internationaler Bedeutung verholfen. *(Alle nicken bekräftigend.)* Wir alle erinnern uns noch gut an Ihren ersten zündenden Werbeslogan für unser allumfassendes zenbuddhistisches Entspannungsprogramm…
Frau Bach:	„Im Westen nichts Neues"
Chef:	… oder an Ihre grandiose Idee für die Vermarktung unseres Anti-Stressöls auf Lebertranbasis …
Herr Weingärtner:	„Was mich nicht umbringt, macht mich nur stärker!"
Chef:	*(nachdenklich)* Wie lautete noch gleich Ihr Spruch für das neue Anti-Alterungsserum?
Herr Preuß:	*(eifrig)* „Spieglein, Spieglein an der Wand…"
Chef:	*(nickend)* Oder Ihr Einfall zu dem neuen Abführmittel!
Frau Siebert:	*(schnell)* „Jeder Gang macht schlank."
Chef:	*(begeistert)* Ohne Ihre Inspiration würde unsere Firma niemals den Platz in der Wirtschaft einnehmen, den sie heute einnimmt. Dank Ihres Einfallsreichtums kann ich daher nur die Worte wiederholen, die Sie als Slogan für unsere Firma wählten: „Weise wie eine Eule! … "
Alle:	„Flink wie ein Wiesel! Fit wie ein Turnschuh…"
Herr Wagner:	*(mit piepsiger Stimme)* „… und mutig wie ein Löwe!"

Ein kleines Licht

Mitarbeiter-
verabschiedung

Sketchdauer: ca. 5 Minuten | **Personen:** Chef, Herr Putzig, zwei Mitarbeiter und zwei Mitarbeiterinnen | **Eingangsszene:** Der Chef schüttelt Herrn Putzig mit herablassendem Lächeln die Hand. Herr Putzig wirkt bescheiden und unauffällig. Die Kollegen haben ein gönnerhaftes Lächeln aufgesetzt.

Chef: *(herablassend)* Heute ist also Ihr letzter Tag bei Fast Electronics, Herr Putzig! Sie haben sich entschlossen, bei uns aufzuhören, weil – wie formulierten Sie es noch gleich? *(blickt auf seinen Notizzettel, liest ab)* – „die Anforderungen", die hier an Sie gestellt werden, „nicht Ihren Möglichkeiten entsprechen" *(süffisanter Blick in die Kollegenrunde. Die Kollegen schauen sich an und grinsen hämisch.)*

Herr Putzig: *(bescheiden)* Ja, so ist es.

Chef: *(fortfahrend)* Das ist natürlich bedauerlich, aber jeder *(gönnerhaftes Lächeln)* hat seine Grenzen!

Mitarbeiterin 1: *(spitz)* Gut, wenn man das vorzeitig erkennt!

Mitarbeiterin 2: *(zustimmend)* Eine Firma mit fast 1000 Mitarbeitern ist eben nicht jedermanns Sache!

Mitarbeiter 1: *(arrogant)* Und für eine leitende Position ist auch nicht jeder geeignet.

Mitarbeiter 2: *(von oben herab)* Dazu braucht man schon ein besonderes Profil.

Chef: *(lächelnd)* Ich hatte jedenfalls immer den Eindruck, dass Sie, mein lieber Herr Putzig, auf Ihre bescheidene und unauffällige Art und Weise recht gut ihre Aufgaben lösten *(ihm väterlich auf die Schulter klopfend)*. Alles wurde immer mehr als gewissenhaft von Ihnen ausgearbeitet und überpünktlich abgegeben. – Aber *(mit gespieltem Seufzer)*, natürlich kann bei einem so zurückhaltenden Menschen wie Ihnen, der sich nie beklagt und immer so gut er es eben konnte seiner Arbeit

	nachging, auch einmal ein falscher Eindruck entstehen!
Mitarbeiterin 1:	*(mitleidig zu ihrer Kollegin)* Etwas blass sah er schon aus in letzter Zeit!
Mitarbeiterin 2:	*(dümmlich)* Wozu gibt es denn Krankschreibungen?
Mitarbeiter 1:	*(stolz)* Na, ein bisschen was durchhalten muss man aber heutzutage in unserem Business!
Mitarbeiter 2:	*(arrogant)* Schließlich sind wir hier nicht bei der Post!

Chef: Wie dem auch sei! Ich respektiere jedenfalls Ihre Entscheidung, Herr Putzig, und wünsche Ihnen auch im Namen aller hier anwesenden Kollegen und Kolleginnen alles Gute für Ihre Zukunft. – Werden Sie jetzt erst einmal ein Ruhepäuschen einlegen, um sich etwas zu erholen, oder haben Sie sich schon nach einer weniger anspruchsvollen Tätigkeit umgesehen?

Herr Putzig: *(souverän)* Ich glaube, Sie haben meine Worte falsch verstanden. Ich fühle mich in Ihrem Betrieb völlig *unterfordert*. Gestern habe ich die Zusage für eine Stelle als Manager bei Super Turbo Electronics bekommen. Die Firma hat weltweit 25.000 Mitarbeiter, und ich fange nächste Woche in meinem neuen Büro in Shanghai an. Von Ruhepäuschen kann also vorerst noch keine Rede sein!

Ganz weit oben

Beförderung **Sketchdauer:** ca. 5 Minuten | **Personen:** zwei Kolleginnen | **Requisiten:** tragbare Bürounterlagen nach Belieben (Tasche, Aktenordner, Hefter oder Blöcke) | **Zeit:** nach Belieben in der Gegenwart oder Zukunft | **Eingangsszene:** Zwei Kolleginnen, Ute und Lydia, mit Bürounterlagen beladen und sehr schick gekleidet (wenn der Sketch in der Zukunft spielen soll, können die Kleider ein wenig an Raumfahrtanzüge erinnern), treffen sich in den Gängen ihrer Firma, bleiben stehen und kommen miteinander ins Gespräch.

Lydia:	Guten Morgen Ute! Auch schon so früh auf den Beinen?
Ute:	*(stöhnend)* Ich habe so viel zu tun momentan, dass ich gar nicht weiß, wo mir der Kopf steht!
Lydia:	*(nickend)* Das geht mir auch so. Mein Schreibtisch sieht aus wie ein Schlachtfeld!
Ute:	*(zustimmend)* Was tut man nicht alles, um weiter nach oben zu kommen!
Lydia:	Apropos nach oben: Hast du von Franka gehört?
Ute:	Franka Klüger? Nein. Was ist mit ihr?
Lydia:	*(erstaunt)* Du hast nichts davon gehört? Ich dachte, diese Neuigkeit habe sich wie ein Lauffeuer herumgesprochen!
Ute:	*(müde)* Ich habe nichts mitbekommen. *(entschuldigend)* In letzter Zeit hatte ich wirklich nur Augen und Ohren für meine Arbeit und keinen Sinn für Klatsch.
Lydia:	*(entrüstet)* Als Klatsch kannst du so etwas aber nun wirklich nicht bezeichnen!
Ute:	*(etwas interessiert)* Was ist das denn für eine Neuigkeit?
Lydia:	Franka ist befördert worden!
Ute:	*(gähnend)* Ach so. Schon wieder?
Lydia:	*(grinsend)* Aber dieses Mal ganz nach oben!
Ute:	*(kaum interessiert)* Vorletztes Mal ist Sie zur stellvertretenden

Leiterin, letztes Mal zur Präsidentin unseres Unternehmens befördert worden. Wie weit nach oben kann sie denn da noch kommen?

Lydia: *(kichernd und an die Decke deutend)* Na eben richtig ganz nach oben!

Ute: *(mit großen Augen)* Du meinst doch nicht etwa…?

Lydia: *(mit dem Fuß auftretend)* Doch, das meine ich!

Ute: *(mit aufgerissenen Augen und sich die Hand vor den Mund schlagend)* Ist ja nicht wahr! Sie hat es echt geschafft?

Lydia: *(anerkennend lächelnd und nickend)* Jawohl! Franka leitet jetzt unser erstes Büro auf dem Mars!

Alle Jahre wieder
Weihnachten und Silvester, Fasching und Halloween

Mit Weihnachten verbinden die meisten Menschen „Besinnlichkeit". Dies mag im Familienkreis angebracht sein, manche betriebliche oder schulische Weihnachtsfeier wird jedoch durch den Versuch, Besinnlichkeit aufkommen zu lassen, zu einer äußerst steifen Veranstaltung. Hier wirkt ein Sketch Wunder. An Silvester dürften eigentlich die meisten Partygäste in Sketchlaune sein, und was wäre naheliegender, als einen Sketch zu Halloween oder Fasching aufzuführen, ist man doch sowieso schon geschminkt und verkleidet.

Gut getarnt

Sketchdauer: ca. 5 – 7 Minuten | **Personen:** Gertrud, die Katze, Miriam, die Waldfee, Gregor, der Zauberer | **Mobiliar:** Tische | **Requisiten:** Luftschlangen, Schüsseln mit Knabbereien; Katzen-, Feen- und Zaubererkostüm | **Ton:** Unterhaltungsmusik im Hintergrund nach Belieben | **Eingangsszene:** Gertrud (verkleidet als Katze) begrüßt ihre beiden Gäste Miriam (verkleidet als Waldfee) und Gregor (verkleidet als Zauberer).

Gertrud: *(in Partylaune)* Herzlich willkommen! Lass mich raten, Miriam … *(legt nachdenklich einen Zeigefinger an die zu einem Katzenschnäuzchen geschminkten Lippen)* Eine Elfe?

Miriam: *(lachend)* Fast! Bin sozusagen deine gute Fee heute Abend!

Gertrud: Miriam, die Waldfee! Ich war aber nahe dran, das musst du mir lassen! – Bist du heute alleine hier? Das sieht dir gar nicht ähnlich!

Miriam: *(aufgeregt)* Nein, ich habe einen neuen Freund. *(sich suchend umblickend)* Er müsste eigentlich schon hier sein. Ein Riesengeheimnis hat er um sein Kostüm gemacht! Bis zuletzt hat er mir seine Verkleidung für heute Abend nicht verraten wollen!

Gertrud: *(lachend)* Wer ist es denn? Kenne ich ihn?

Miriam: Ja, er ist einer deiner Bekannten. Aber erst will ich ihn selber finden und dann erzähle ich dir alles!

Gertrud: Aha – eine Überraschung! Verstehe! *(wendet sich Gregor zu)* Und du bist der erwachsene Harry Potter?

Gregor: *(lacht)* Erraten! Ich werde mich erst einmal am Büfett stärken und mich dann auf meinen Feuerblitz schwingen, um hoch in den Lüften über euch eine Runde Quidditch zu spielen. *(Alle lachen und gehen zu den Tischen hinüber. Sie bedienen sich aus den Schüsseln mit Knabbereien.)*

Gertrud: *(lässt ihre Blicke durch den Raum schweifen und zeigt dann in eine Richtung)* Wer ist denn das dort drüben?

Miriam:	*(in die angedeutete Richtung schauend)* Wer?
Gertrud:	Na die Rothaarige mit der langen Lockenmähne dort drüben!
Gregor:	Ganz schön aufgetakelt!
Gertrud:	*(verächtlich)* Das kannst du laut sagen! Klein und zierlich ist sie auch nicht gerade! Das hält sie aber anscheinend nicht davon ab, die höchsten Stöckelabsätze zu tragen, die ich je gesehen habe!
Gregor:	Hat sie denn keine Angst, dass sie nach vorne kippt?
Gertrud:	Bei dem Busen ist es nur eine Frage der Zeit, bis so etwas Ähnliches passiert!
Gregor:	An der ist aber wirklich gar nichts echt!
Gertrud:	*(boshaft)* Oder eben alles! So einen Schmollmund und diesen Augenaufschlag kann man nicht mal so eben für eine Party einstudieren! Das sollte Tim sehen!
Miriam:	*(aufhorchend)* Wer?
Gertrud:	Tim ist ein Freund von mir, der hinter jedem Dummchen mit großer Oberweite her ist! Es ist schon peinlich, sage ich euch! Je dümmer und naiver die Frauen tun oder sind, desto verrückter ist er nach ihnen.
Gregor:	Gott sei Dank sind nicht alle Männer so!
Gertrud:	*(skeptisch)* Mm, schau dir doch einmal die Blicke der Herren an, wenn unser Busenwunder an ihnen vorbeistöckelt! Tim verpasst hier wirklich die Chance seines Lebens! *(sich nach allen Seiten drehend)* Wo steckt er nur?
Miriam:	*(in dieselbe Richtung weisend wie vorher Gertrud)* Dort ist er!
Gregor und Gertrud:	*(überrascht und suchend)* Wo denn?
Miriam:	Ich habe ihn zuerst auch nicht gesehen! Aber er sagte mir ja bereits, dass ich ihn in seinem Kostüm heute Abend bestimmt nicht erkennen würde und normalerweise sehe ich ihn ja auch immer ohne Busen, falsche Wimpern und Schmollmund!

Das beste Kostüm

Halloween **Sketchdauer:** ca. 10 Minuten | **Personen:** Die Freunde Linda, Fabian, Antonia, Marco, Jasmin und die Gastgeberin Annette | **Mobiliar:** Tisch | **Kostüme / Requisiten:** Schüssel, Stifte und Zettel, schwarze Kleider, Hosen und Umhänge mit weißen Skeletten oder anderen gruseligen Details | **Maske:** weiß geschminkte Geister oder Gruselgesichter, geschminkte schwarze Augenringe und Blutspuren an den Mundwinkeln. Marco hat ein kalkweißes Gesicht voller dicker roter Pickel-punkte | **Ton:** Heavy Metal-Musik o. Ä. im Hintergrund | **Eingangsszene:** Alle tanzen gut gelaunt zu der lauten Musik. Marco tritt etwas dilettantisch von einem Fuß auf den anderen und zieht dabei abwechselnd mal die eine, mal die andere Schulter hoch. Er macht einen unglücklichen Eindruck.

Annette:	*(stehen bleibend)* Und nun kommen wir zur Preisverleihung! *(Einer stellt die Musik aus.)*
Antonia:	*(überrascht)* Eine Preisverleihung?
Annette:	Ja! Der- oder diejenige in der schrecklichsten Verkleidung gewinnt heute Abend einen Preis!
Fabian:	*(gierig)* Und was ist der Preis?
Annette:	*(lachend)* Nicht so ungeduldig – Es ist eine Überraschung! *(Sie holt eine leere Schüssel, ein paar kleine Zettel und Bleistifte vom Tisch.)* Jeder von uns schreibt jetzt einen Namen auf seinen Zettel. Dann wird der Zettel in die Schüssel geworfen. Ich mische alles durch und Fabian liest dann vor, einverstanden? *(Alle nicken. Die Freunde schauen einen Moment von einem Kostüm zum anderen, lachen oder nicken anerkennend, dann notieren sie ihre Wahl auf den Zettel und werfen ihn in die Schüssel. Marco sieht bei alledem etwas müde aus.)*
Linda:	*(aufseufzend)* Das war aber gar nicht so einfach!
Jasmin:	Also für mich war es von Anfang an klar!

Fabian:	Für mich auch!
Annette:	*(schüttelt nickend die Schüssel und gibt sie dann an Fabian weiter)* Fang an vorzulesen, Fabian!
Fabian:	*(einen Zettel nach dem anderen auseinander faltend)* Marco, Marco … *(Marco schaut erstaunt in die Menge.)*
Antonia:	Na, überrascht?
Jasmin:	Ist doch aber echt originell!
Fabian:	*(fortfahrend)* Marco, Marco …
Marco:	*(stotternd)* Aber … aber …
Linda:	*(nett)* Vor allem die Maske ist echt gelungen.
Marco:	*(stotternd)* Aber …
Antonia:	*(lachend)* Find ich auch: So etwas von ekelig! Das überbietet alle anderen!
Fabian:	*(vorlesend)* Marco … und Fabian *(lacht)*. Der letzte Zettel stammt wohl von Marco selbst!
Annette:	*(feierlich verkündigend)* Der Sieger heißt also Marco! Applaus bitte! *(Alle klatschen und johlen.)*
Marco:	*(stammelnd)* Aber ich …
Jasmin:	Nun sei doch nicht so schüchtern!
Antonia:	Ja! Du hast bestimmt Stunden für dieses grauenvolle Gesicht gebraucht!
Linda:	*(kichernd)* Ohne Fleiß keinen Preis! *(Alle lachen.)*
Marco:	*(verzweifelt)* Aber eigentlich …
Annette:	*(das Lachen unterbrechend)* Nun lasst ihn doch zu Worte kommen! *(interessiert)* Wie hast du denn dieses Horrorgesicht so perfekt hinbekommen?
Marco:	*(betroffen)* Also das kam eigentlich von selbst … *(Alle schauen sich irritiert an. Marco, schüchtern)* Vor ein paar Wochen habe ich diese juckende Akne bekommen … *(eilig hinzufügend, als er die entsetzten Gesichter der Freunde sieht)*, aber alles ist schon am Abheilen, und ich wollte eure Party unter keinen Umständen versäumen. – Vielen Dank für den ersten Preis!

Weihnachtsmann und Christkind

Sketchdauer: ca. 5 Minuten | **Personen:** Mutter und ihr Sohn Oliver (Ollie), ein Vorschulkind | **Mobiliar:** ungeschmückter Weihnachtsbaum, Tisch, Couch oder Sessel | **Requisiten:** Weihnachtsbaumschmuck (auf jeden Fall Kugeln), Weihnachtspyramide oder andere weihnachtliche Tischdekoration, Teller oder Schale mit Keksen | **Ton:** leise Weihnachtsmusik | **Eingangsszene:** Die Mutter ist in Eile. Sie läuft nervös im Zimmer hin und her und ist damit beschäftigt, den Weihnachtsbaum zu schmücken und Dekoration und Kekse auf dem Tisch zu arrangieren. Immer wieder sieht sie auf die Uhr. Ollie provoziert sie, indem er ständig die Arrangements verändert, von bereits am Weihnachtsbaum aufgehängten Süßigkeiten nascht und mit den Weihnachtskugeln Murmeln spielt.

Mutter:	*(nervös)* Ollie! Jetzt lass das doch bitte! So werde ich nie fertig!
Ollie:	*(ungerührt)* Ich helfe doch nur!
Mutter:	Das tust du eben nicht! Wenn du die Kugeln zerbrichst, kommt der Weihnachtsmann heute Abend nicht!
Ollie:	*(schmollend)* Ich spiel doch nur ein bisschen Murmeln!
Mutter:	*(genervt)* Aber doch nicht mit den Weihnachtsbaumkugeln! Geh lieber in dein Zimmer und spiel mit deinen Murmeln dort!
Ollie:	*(widerwillig)* Die glänzen aber nicht so schön!
Mutter:	Dann beschäftige dich eben anders! *(Ollie geht zum Tannenbaum und pflückt sich eine weitere Süßigkeit ab, die er sogleich in den Mund steckt.)*
Mutter:	*(ärgerlich)* Das ist doch nicht zu fassen! Gerade habe ich das aufgehängt! Wenn du so weitermachst, ist heute Abend nichts mehr übrig! Da wird der Weihnachtsmann aber traurig sein!
Ollie:	Vielleicht mag der Weihnachtsmann ja gar keine Süßigkeiten, er ist ja schon erwachsen!
Mutter:	*(immer noch verärgert, neue Süßigkeiten an die Zweige*

	hängend) Vielleicht kommt er ja auch gar nicht!
Ollie:	*(entsetzt)* Gar nicht?
Mutter:	Na, wenn du weiter so ungezogen bist, dann werde ich ihn nachher anrufen und ihm sagen, dass er heute Abend gar nicht zu uns zu kommen braucht!
Ollie:	Bekomme ich dann gar keine Geschenke?
Mutter:	Genau!
Ollie:	*(kneift die Augen zusammen und verschränkt die Arme trotzig vor der Brust)* Wenn du mich weiter so mit dem Weihnachtsmann erpresst, dann rufe ich nachher das Christkind an und sage ihm, dass es die kleine Krippe, die ich für euch in der Schule gebastelt habe, auch ruhig anderen Eltern bringen kann!

Geben ist seliger...

Sketchdauer: ca. 7 Minuten | **Personen:** ein Paar | **Mobiliar:** Couchtisch, Couch | **Requisiten:** geschmückter Weihnachts-baum, Weihnachtspyramide und Keksteller oder andere Weihnachtsdekoration auf dem Tisch | **Ton:** Weihnachtsmusik | **Eingangsszene:** Das Paar sitzt, sich umarmend, auf der Couch und singt Weihnachtslieder.

Sie: Was machen wir denn danach?

Er: Wonach?

Sie: Nachdem wir alle Lieder mitgesungen haben!

Er: *(lachend)* Hast du schon genug? Du singst doch sonst so gern!

Sie: Ja, schon. Ich wollte doch nur wissen, was wir danach machen.

Er: *(ihre Schulter tätschelnd)* Nach den Liedern essen wir ein paar Kekse *(nickt in Richtung Keksteller)*, zünden den Baum an, lesen vielleicht eine Weihnachtsgeschichte aus den neuen Büchern, die ich gestern noch gekauft habe ...

Sie: *(ungeduldig)* Und dann?

Er: *(seelenruhig)* Und dann hören wir vielleicht Bachs Weihnachtsoratorium ...

Sie: *(schnell)* Und dann?

Er: *(mit größter Ruhe)* ... essen wir wieder ein paar Kekse, fangen langsam mit den Vorbereitungen für unser Abendessen an ...

Sie: *(beharrlich)* Aber vor dem Abendessen!

Er: *(zieht verwundert eine Augenbraue hoch)* Was meinst du mit vor dem Abendessen?

Sie: *(windet sich etwas in seiner Umarmung)* Du weißt schon!

Er: *(kopfschüttelnd)* Nein, weiß ich nicht!

Sie: Na, was haben wir denn letztes Jahr vor dem Abendessen gemacht?

Er: *(grübelnd)* Hm ...

Er: Ich glaube, da haben wir die Bescherung gemacht.

Sie: *(erleichtert)* Richtig!

Er: Und?

Sie: Wie und?

Er: *(nachlässig)* Das entfällt ja dieses Jahr. *(Sie entzieht sich schmollend seiner Umarmung, rückt ein Stück von ihm weg und verschränkt die Arme.)* Was hast du denn? Es war doch deine Idee, dass wir uns beide dieses Jahr zu Weihnachten nichts schenken, sondern unser Geld lieber in eine Spende investieren! Du hast noch gesagt: Geben ist seliger denn...

Sie: *(ihn unterbrechend)* Ich weiß noch, was ich gesagt habe! Ich dachte ja nur...

Er: Was dachtest du?

Sie: Na, eine winzige Kleinigkeit hätten wir ja...

Er: *(sie unterbrechend)* Das wäre aber nicht konsequent gewesen!

Sie: *(leicht verärgert)* Konsequent, konsequent! Schließlich ist Weihnachten das Fest der Liebe!

Er: *(entrüstet)* Was soll denn das heißen?

Sie: *(schmollend)* Das soll heißen, dass man an die Menschen denkt, die man liebt!

Er: Aber ich liebe dich doch!

Sie: *(hoffnungsvoll)* Dann hast du also an mich gedacht?

Er: Ich denke immer an dich!!

Sie: *(zu ihm heranrückend und sich an ihn kuschelnd)* Ich wusste ja, dass du mich nicht vergessen würdest!

Er: *(etwas steif)* Ich werde dich nie vergessen! Aber ein Geschenk habe ich dieses Jahr wirklich nicht für dich!

Sie: *(auffahrend)* Und wem schenke ich jetzt die 2 x 3 m lange Werkzeugbank? Tante Klara oder Opa und Oma?

Prost Neujahr!

Sketchdauer: ca. 5 Minuten | **Personen:** ein Ehepaar | **Mobiliar:** eventuell Türattrappe | **Kostüme / Requisiten:** festliche Abend-garderobe, Damenhandtasche | **Zeit:** am Silvesterabend | **Eingangsszene:** Das Paar steht erwartungsvoll vor einer geschlossenen Tür.

Sie: Warum macht denn keiner auf? Vielleicht ist ja die Klingel kaputt?

Er: *(drückt betont lange auf die Klingel)* Mm.

Sie: *(ungeduldig)* Ich falle gleich um vor lauter Hunger!

Er: *(brummend)* Wahrscheinlich plündern die anderen Gäste schon lautstark das Büfett und hören uns deshalb nicht!

Sie: *(entsetzt)* Hoffentlich nicht! Das Büfett ist nämlich der einzige Grund, aus dem ich immer zu diesen schrecklichen Silvester-partys bei Gabi und Kai gehe!

Er: *(nickend und wieder klingelnd)* Die beiden sind echt die schlimmsten Langweiler, die ich kenne!

Sie: Grässliche Leute! Und kochen kann Gabi auch nicht. *(abfällig)* Sie ist noch nicht einmal in der Lage, ein Tiefkühlgericht richtig aufzutauen!

Er: *(kichernd)* Oder wenigstens eine Erdnuss zu schälen!

Sie: Wenn sie nicht dieses Kochwunder von Au-pair-Mädchen hätten, das jedes Jahr das Silvesterbüffet zaubert *(verdreht ent-zückt die Augen)*!

Er: *(spöttisch)* Dann würde kein Mensch freiwillig auf ihre blöde Party gehen!

Sie: *(schmachtend)* Seitdem es aber diese fantastische Antonella gibt ...

Er: *(ihren Satz beendend)* ... ist das Haus zu Silvester immer voll! – Kannst du dich noch an die Thunfischröllchen in Kapern-mayonnaise beim letzten Mal erinnern?

(Sie stöhnt auf und drückt nun ihrerseits mit Nachdruck auf die Klingel.)

Er: *(schwelgend)* Oder an das Lachscarpaccio, die Salbeignocchis und das kalte Huhn in Pestosauce?

Sie: *(stöhnend)* Vitello Tonato, Lasagne all' amorata, Forellenfilets in Limonensud …

Er: Und zum Dessert Panna cotta …

Sie: *(mit geschlossenen Augen)* Semifredo, Tiramisu und mit Schokolade überzogene frische Erdbeeren!

Er: *(aufstöhnend)* Ich halt's nicht mehr aus! *(tritt einen Schritt zurück, hält sich die Hände wie einen Trichter vor den Mund und brüllt zum ersten Stockwerk des Hauses hoch)* Hallo!!!!! *(Kurze Zeit später wird die Tür aufgerissen und eine völlig erschöpft aussehende Frau steht im Türrahmen.)*

Gabi: Entschuldigt bitte! Steht ihr schon lange hier? Antonella ist gestern Abend in die Toskana gefahren, weil ihre Mutter plötzlich erkrankt ist. Ich stehe seit Stunden in der Küche, um ein paar Knabbereien vorzubereiten und muss wohl die Klingel nicht gehört haben. *(Die beiden weichen entsetzt zurück. Gabi, auffordernd)* Aber was ist denn? Kommt doch herein! Die anderen müssen auch gleich da sein, und wir werden sicher alle eine Menge Spaß haben, heute Abend!

Rückblick

Silvester **Sketchdauer:** ca. 5 Minuten | **Personen:** ältere Dame | **Haustier:** Hund (aus Stoff) | **Mobiliar:** Schaukelstuhl, Beistelltisch, Hundekorb | **Requisiten:** Armbanduhr, Kaffeetasse mit Untertasse, Hundedecke, Ball und Knochen im Körbchen | **Eingangsszene:** Die ältere Dame sitzt im Schaukelstuhl. Sie trinkt Kaffee und schaukelt sanft hin und her. Ihr Hund schläft zu ihren Füßen in seinem Körbchen.

Dame: Ja, das alte Jahr geht seinem Ende zu! *(seufzt)* Alles in allem ist es ja doch noch ein gutes Jahr geworden, nicht wahr, Friedelchen? *(Blick auf den Hund)* Aber schlimm fing es an: Erst verlor Hermann seine Arbeit und wir mussten in diese winzige Wohnung ziehen. Dann bekam ich auch noch diesen Schlaganfall! Und Hermann *(kopfschüttelnd)* wollte mich ins Heim stecken! Nach fast 50 gemeinsamen Ehejahren! *(sich zu dem Hund beugend)* Auch du wärst fast im Tierheim gelandet! – *(beruhigend)* Ist ja gut, Friedelchen! Gott sei Dank ging es Frauchen ja dann bald wieder besser! – Jetzt ist es aber immer hübsch ruhig und gemütlich bei uns, was Friedel? Mehr Platz für uns beide, kein Lärm und Streit, kein Zank und keine Vorwürfe! Und von der Witwenpension können wir auch ganz gut leben, nicht wahr? *(Blick ins Körbchen)* Ja, wo hast du denn deinen Knochen wieder hingeschleppt? Ach, da ist er ja! – *(Blick auf die Uhr)* So, dann wollen wir mal in die Küche gehen und den Sekt und unsere Häppchen aus dem Kühlschrank holen, denn gleich wird das Feuerwerk losgehen! *(nachdenklich)* Ob ich die große Gefriertruhe für ein paar Stunden abstellen sollte? Was meinst du, Friedelchen? Wir wollen doch nicht, dass Herrchen auftaut, falls ein paar dieser Feuerwerkskörper heute Nacht in die Elektrizität einschlagen!